Beck'sche Reihe
BsR 519
Große Denker

Es ist nicht üblich, Wilhelm von Humboldt unter die Philosophen zu rechnen. Erst in den vergangenen zweieinhalb Jahrzehnten seit der linguistischen Wende der Philosophie erfuhr er die Aufmerksamkeit, die ihm aufgrund seines außergewöhnlichen Denkweges gebührt. Seither verbindet sich das philosophische Interesse an seinen Schriften mit dem sprachwissenschaftlichen.

Angesichts dieser glücklichen Konstellation erscheint der Versuch einer neuen Gesamtdarstellung des Humboldtschen Werkes wünschenswert. Nach der Beschreibung des Lebensweges werden zunächst die politische Theorie des jungen Privatgelehrten, die politische Praxis des preußischen Staatsmannes und die Geschichtsphilosophie des ‚Weisen von Tegel‘ vorgestellt. Sodann folgt, erstmals in detaillierter Form, ein Nachweis der naturphilosophischen Wurzeln des Humboldtschen Denkens (Leibniz, Kant, Herder) und schließlich, nach einer Diskussion der ‚Ästhetischen Versuche‘, die systematische Darstellung seiner eigenständigsten Leistung, der an Tiefe und Weite seither nicht wieder erreichten ‚Allgemeinen Sprachkunde‘. So ist eine biographisch und philosophisch neu komponierte „Charakteristik" Humboldts entstanden, die überzeugend die Bedeutung seines Denkens für uns heute deutlich macht.

Tilman Borsche, promoviert in Tübingen und habilitiert in Bonn, hat seit 1990 den Lehrstuhl für Philosophie an der Universität Hildesheim inne. Er war von 1975–1982 Redakteur am Historischen Wörterbuch der Philosophie und ist seit 1987 Mitherausgeber des Werkes. 1981 erschien von ihm „Sprachansichten. Der Begriff der menschlichen Rede in der Sprachphilosophie Wilhelm von Humboldts".

Die Reihe „Große Denker" (siehe S. 190) wird herausgegeben von *Otfried Höffe*, Professor für Ethik und Politische Philosophie sowie Direktor des Internationalen Instituts für Sozialphilosophie und Politik der Universität Freiburg (Schweiz).

TILMAN BORSCHE

Wilhelm von Humboldt

VERLAG C.H.BECK MÜNCHEN

Mit 8 Abbildungen
(auch Umschlagbild: Archiv für Kunst und Geschichte, Berlin)

Schloß Tegel
und der
liebenswürdigen Gastlichkeit
seiner Bewohner
gewidmet

CIP-Titelaufnahme der Deutschen Bibliothek

Borsche, Tilman:
Wilhelm von Humboldt / Tilman Borsche. – Orig.-Ausg. –
München : Beck, 1990
    (Beck'sche Reihe ; 519 : Große Denker)
    ISBN 3 406 33218 8
NE: GT

Originalausgabe
ISBN 3 406 33218 8

Umschlagentwurf von Uwe Göbel, München
© C.H.Beck'sche Verlagsbuchhandlung (Oscar Beck), München 1990
Gesamtherstellung: C.H.Beck'sche Buchdruckerei, Nördlingen
Printed in Germany

Inhalt

I. Lebens-Werk

II. Geschichte

III. Natur

IV. Kunst

V. Sprache

Anhang

Zitierweise

Humboldt wird, soweit möglich, nach der Akademie-Ausgabe der Gesammelten Schriften (= GS, vgl. Bibliographie Nr. 3) mit Bandangabe (römische Ziffer) und Seitenzahl (arabische Ziffer) zitiert.

Stellen aus klassischen Autoren sind in der jeweils üblichen Abkürzungsweise im Text selbst nachgewiesen.

Alle anderen Zitate werden im Text mit dem Namen des Autors sowie mit der entsprechenden Nummer der Bibliographie am Ende des Bandes (S. 173–182) und ggf. mit einer Seitenangabe versehen.

Vorwort

Rezeptionsgeschichtlich betrachtet liegt in der Aufgabe, Wilhelm von Humboldt in einer Reihe *Große Denker* vorzustellen, ein besonderer Reiz. Denn von der philosophischen Zunft wurde er lange Zeit kaum beachtet. Erst in den vergangenen zweieinhalb Jahrzehnten, nachdem die linguistische Wende der Philosophie auch die klassischen Denker des deutschen Idealismus erfaßt hatte, erfuhr er die Aufmerksamkeit und Würdigung, die ihm aufgrund seines außergewöhnlichen Denkweges gebühren.

Seither verbindet sich das philosophische Interesse an Humboldt auf fruchtbare Weise mit dem Interesse der Sprachwissenschaft an ihrer eigenen Geschichte. Zwar gab es schon seit den zwanziger Jahren eine einflußreiche Schule, die sich ausdrücklich auf Humboldt berief, die später so genannte ‚energetische Sprachwissenschaft‘ Leo Weisgerbers nämlich. Doch begann erst Ende der sechziger Jahre – und zwar, Ironie der Geschichte, als Reaktion auf den ebenso kühnen wie aussichtslosen Versuch Noam Chomskys, Humboldt als einen Mitstreiter für die von ihm erfundene ‚cartesianische Linguistik‘ zu reklamieren – ein gründliches Studium der Humboldtschen Sprachtheorie. Inzwischen hat sich daraus eine vielstimmige und breitgefächerte Humboldt-Philologie entwickelt.

Angesichts dieser glücklichen Konstellation erscheint der Versuch einer neuen Gesamtdarstellung des Humboldtschen Werkes heute ebenso wünschenswert wie vielversprechend. Vorliegender Text ist das Ergebnis eines solchen Versuchs. Der wissenschaftshistorischen Situation entsprechend geht er von der sprachphilosophischen Mitte des Gesamtwerks aus und fragt, inwiefern die ästhetischen und politischen sowie die geschichts- und naturphilosophischen Momente des Humboldtschen Denkweges auf diese Mitte hin konvergieren. Auf solche

Weise entsteht eine biographisch und philologisch neu komponierte Charakteristik, die nicht zuletzt auch Humboldts Bedeutung für unser heutiges Denken deutlich werden läßt.

Die Darstellung selbst versucht, das Humboldtsche Werk von innen heraus verständlich zu machen, und geht deshalb auf seine Quellen nur insoweit ein, als das jeweils zum Verständnis erforderlich erscheint. Nur seine wenig bekannten Wurzeln in der neuzeitlichen Naturphilosophie werden, eben um bestehende Verständnisschwierigkeiten abzubauen, ausführlicher behandelt.

Bislang hat das Humboldtsche Werk wenig unmittelbare Wirkung gezeigt. Man muß sie in den verschiedenen Feldern seines Wirkens suchen – und findet wenig. Lediglich der Historismus des neunzehnten Jahrhunderts knüpfte bewußt und ausdrücklich an die Gedanken der berühmten Akademierede ‚Über die Aufgabe des Geschichtschreibers‘ an. Dagegen blieb H. Steinthal, der völkerpsychologisch orientierte Kenner und Herausgeber des sprachwissenschaftlichen Nachlasses, innerhalb der positivistischen Sprachwissenschaft des neunzehnten Jahrhunderts weitgehend isoliert. Noch schlechter erging es den ästhetischen Studien. In eigenwilligem Anschluß an Kant entwickelt, fanden sie, ihrer ungewohnten Form wegen, kaum Anklang bei den Zeitgenossen und wurden rasch vergessen. So bestehen erst heute, nach einer ersten Phase intensiver wissenschaftsgeschichtlicher Humboldtforschung, relativ günstige Voraussetzungen für eine Rezeption seines Werkes auf breiterer Basis. Zur Unterstützung dieser Rezeption möchte vorliegender Text einen Beitrag leisten.

Um den Leser zu eigener Lektüre anzuregen, läßt die Darstellung den Autor Humboldt ausführlich zu Wort kommen. Seine zu einem großen Teil unveröffentlicht hinterlassenen Schriften sind jedoch nicht systematisch aufgebaut. Er schrieb nicht in didaktischer Absicht, sondern vornehmlich, um für sich selbst Klarheit in der Sache zu gewinnen. Folglich findet sich jedes Thema, das er anschneidet, vor dem gesamten Horizont seines Denkens ausgebreitet und mit zahllosen anderen Problemen verschränkt. Um den daraus resultierenden Schwierigkeiten bei der Lektüre zu begegnen, ist die Darstellung des Werkes systematisch gegliedert. Mit den Stationen des Lebensweges beginnend werden zunächst die Felder der politischen Theorie und Praxis, sodann Geschichts- und Naturphilosophie, schließlich Ästhetik und Sprachkunde vorgestellt – eine Entwicklung der Gedanken, die von der lockeren Erzählung allmählich zur philosophischen Reflexion hinüberleitet.

Ein erster Entwurf dieses Textes lag meiner Vorlesung vom Sommersemester 1988 an der Universität Bonn zugrunde. Den Hörern der Vorlesung und den Teilnehmern begleitender Seminare möchte ich für ihr Interesse und ihre Aufmerksamkeit sowie für zahlreiche Anregungen, die der jetzigen Fassung des Textes zugute gekommen sind, herzlich danken.

Bonn, im Herbst 1989   *Tilman Borsche*

I. Lebens-Werk

1. Einleitung

a) Wer ist Wilhelm von Humboldt?

Es ist nicht üblich, Humboldt unter die Philosophen zu rechnen. Er selbst tat das am allerwenigsten. Doch wo und wie sollte man ihn sonst einordnen? Gutsherr und Diplomat, wie man weiß, weniger bekannt als Kritiker, Philologe, Übersetzer und Dichter, berühmt als Sprachforscher und Staatsmann – er war all dies zugleich, aber nichts so sehr, daß man dort eindeutig sein Zentrum finden könnte. ‚Klassiker des Briefes‘ wurde er genannt; Philip Mattson, der Archivar der Humboldtforschung, ist mit der Zählung seines Briefwechsels bei Nr. 12 467 angelangt, Nachträge nicht mitgezählt (Mattson Nr. 8). Aber er ist mehr als das: einer, der auf seine Lebenslagen reagiert, wie er Briefe schreibt; nämlich so, als sei, was immer er sagt und tut, erst sinnvoll im Blick auf die Situation, in der es geschieht. Am wenigsten greifbar und am schwersten einzuordnen ist er daher als Autor. Vielleicht ließe sich das aber auch so verstehen, daß seine Autorschaft zeigt, was ein Autor ist: nicht einer, der ursprünglich schafft, sondern einer, der zuhören kann und produktive Antworten findet.

Fragmentarisch wie das Leben und seine Ereignisse sind auch die Schriften Humboldts. Nur weniges hat er selbst veröffentlicht. Daneben gibt es zahlreiche Entwürfe und Skizzen, noch mehr Briefe, wie gesagt, auch wenn längst nicht alle erhalten sind, ferner einige Tagebücher und schließlich eine bedeutende Sammlung amtlicher Schriftstücke, die im Blick auf allgemeine Ideen zu konkreten historischen Problemen Stellung beziehen. Offensichtlich ist für Humboldt das eigentliche Werk nicht das, was ggf. zwischen zwei Buchdeckel eingebunden der Öffentlichkeit übergeben werden kann. Solche Resultate der Arbeit

Abb. 1: Es gibt nur sehr wenige Abbildungen Wilhelm von Humboldts. Dieser Holzstich nach einer Zeichnung von Eduard Stroehling (1768–1826) aus dem Jahr 1814 (?) zeigt den preußischen Diplomaten in der unruhigen Zeit zwischen den Befreiungskriegen und dem Wiener Kongreß.

sind deren eher beiläufiges Nebenprodukt. Das eigentliche Werk ist ihm die eigene Person: *Bildung einer geistigen Individualität durch Worte* – das ist der Sinn und die Botschaft seines Daseins.

Ehrfurcht gegenüber der Kantischen Kritik und Abneigung gegenüber Allgemeinheitsansprüchen einer ,wahren' Philosophie verbinden sich bei Humboldt zu der Ansicht, daß das,

13

was er selbst betreibt, nicht Philosophie sein könne. Von ‚Metaphysiken' spricht er im Plural (an Forster, 28. 9. 1789; Nr. 1: 1,281) und sieht in ihnen den jeweiligen Ausdruck ihrer Zeit, letztlich der Individualität ihres Autors, darin übrigens Goethe nahestehend, der unter dem Eindruck der Lektüre von Fichtes ‚Naturrecht' am 5. 5. 1798 an Schiller schreibt: „Ich mag mich stellen, wie ich will, so sehe ich in vielen berühmten Axiomen nur die Aussprüche einer Individualität" (Gedenkausg. 24,575).

Die Darstellung von Einheit und Vielfalt des Humboldtschen Denkens wird sich also nicht an den inneren Gesetzen eines Systems orientieren können, wie sich das bei seinen nachkantischen Zeitgenossen, den professionellen Philosophen des später so genannten Deutschen Idealismus empfehlen würde, sondern eher umgekehrt verfahren müssen. Sie wird gewissermaßen das Innere im Äußeren zu suchen haben. Die Vielfalt seines Denkens resultiert aus einer Fülle konkreter Anregungen und Anforderungen, sowohl theoretischer wie praktischer Art. Die Einheit zeigt sich rückblickend in einem unverwechselbaren Stil des Antwortens auf diese sehr unterschiedlichen Lagen. Nun ist es ein Charakteristikum des Humboldtschen Denkens, die Lage des Denkenden für die Bedeutung des Gedachten zu reflektieren oder, anders gesagt, die Philosophie selbst nicht von der Individualität des Philosophen zu trennen. Nicht nur hierin scheint Humboldt Nietzsche näher verwandt zu sein als irgendeinem Denker vor ihm. Und aus diesem Gesichtspunkt heraus erscheint es ebenso verständlich, daß er sich selbst nicht als Philosophen betrachtet, wie es umgekehrt berechtigt erscheint, ihn als einen solchen zu verstehen.

b) Gliederung des Textes

Bei dieser Lage der Dinge wird es zweckmäßig sein, in einer Darstellung des Humboldtschen Werkes vom Leben des Autors auszugehen. Der erste Teil des Textes wird daher, nach einem kurzen Überblick über das Folgende, zunächst Biographisches berichten (I, 2) und dann das Problem der Komposition einer Biographie erörtern (I, 3).

Die allgemeinen biographischen Hinweise werden im zweiten Teil vertieft durch eine besondere Darstellung und Würdigung des politischen Lebens, und zwar in der Abfolge, wie es biographisch in Erscheinung trat: erst die Theorie (II, 1), dann die Praxis (II, 2) und schließlich die geschichtsphilosophische Reflexion (II, 4). Wenn man den Bekanntheitsgrad Humboldts zum Maßstab nimmt, dann dürfte die politische Tätigkeit, die, wenn man einmal die römische Residentschaft abrechnet, doch nur elf Jahre seines achtundsechzigjährigen Lebens in Anspruch nahm, wohl der wichtigste und folgenreichste Teil seines Wirkens gewesen sein. Deutlich wird diese Tatsache beispielsweise an einem repräsentativen ‚Vortragszyklus zum 150. Todestag‘, der im Mai 1985 in Berlin veranstaltet und von B. Schlerath, dem Präsidenten der Berliner Humboldt-Gesellschaft (Abteilung Wilhelm), 1986 veröffentlicht wurde (Nr. 31). Mit der Politik im allgemeinen und der Bildungspolitik im besonderen befassen sich mehr als die Hälfte der Beiträge des Bandes, während nur je einer der Philosophie, der Sprachwissenschaft und der Ästhetik gewidmet ist.

Eng verbunden mit den politischen Ideen Humboldts ist sein Bildungsbegriff. Sein Beitrag zur Reform des preußischen Bildungswesens ist der bekannteste Teil seiner politischen Tätigkeit. Die Grundgedanken dieser Reform werden daher innerhalb des zweiten Teils gesondert berücksichtigt (II, 3). Hier haben sich die mächtigsten Vorurteile gebildet, hier Verehrer und Verächter am heftigsten engagiert. Denn Wohl und Wehe unserer eigenen Bildungseinrichtungen, insbesondere auch der Universitäten, werden auf eine geradezu magische Weise mit dem Namen Humboldts verknüpft.

An die Darstellung des politischen Denkens und Tuns läßt sich zwanglos die Darstellung der späteren geschichtsphilosophischen Betrachtungen anschließen. Hier kann Humboldts eigenartige Stellung zwischen Aufklärung und Romantik, zwischen Menschheitsgeschichte nach Herder, Fortschrittsoptimismus nach Schiller und Geschichtsphilosophie nach Hegel deutlich werden. In diesem Zusammenhang erscheint es auch angebracht, nach der eigenen historischen Rolle Humboldts, d.h.

nach seiner Wirkung auf spätere Zeiten zu fragen. Auf den ersten Blick scheint nur so viel klar zu sein, daß seine Wirkung erstaunlich gering und schwach gewesen ist.

Schon aus diesen Hinweisen zum zweiten Teil ist zu ersehen, inwiefern die Gliederung der Darstellung nach äußeren Gesichtspunkten verfahren kann und muß. Es werden Bereiche und Disziplinen angesprochen, auf die Humboldt sich einließ, und zwar so, wie er sie vorfand, um sich in und an ihnen zu bilden und durch diese Selbstbildung gestaltend auf sie zurückzuwirken. Sein Vorbild ist nicht der barocke Städteplaner, der sein Werk *more geometrico* auf dem Reißbrett entwirft, ohne Rücksicht auf die gewachsene Natur und die gewordene Geschichte zu nehmen; nicht Descartes, der das Gebäude der Philosophie *a primis fundamentis* neu zu errichten sich vornahm. Vielmehr denkt und handelt er als ein Staatsmann, der die Topographie sowie die Tradition der Länder zu verstehen und daraufhin, falls nötig, behutsam zu modifizieren versucht – *ad melius esse* (nach einem Kantischen Ausdruck, der auf einen Gedanken aus der aristotelischen Naturphilosophie zurückgehen dürfte und im Zusammenhang der Humboldtschen Naturphilosophie näher erörtert wird).

Ausführlich hat sich Humboldt, gerade in seinen früheren Jahren, mit anthropologischen Fragen befaßt. Diese Studien bilden den Rahmen seiner bildungstheoretischen und geschichtsphilosophischen Überlegungen. Die Frage nach dem Menschen wird daher von vielen Interpreten als der letzte Horizont und das höchste Ziel seines Denkens überhaupt verstanden, zumal eine solche Bewertung sich gut mit dem philanthropischen Geist der Zeit verträgt. Dabei wird gewöhnlich kaum beachtet, daß sich die Anthropologie bei Humboldt in einen größeren Zusammenhang naturphilosophischer Überlegungen einordnet, die weit in vorkritische Traditionen zurückreichen. Dieser Zusammenhang wurde von der Forschung bislang erstaunlich wenig berücksichtigt – trotz oder vielleicht gerade wegen einer verbreiteten Gesamtinterpretation aus dem Geist eines humanistischen Menschenbildes, wie sie etwa in den einflußreichen Monographien von E. Spranger 1909 (Nr. 20) oder von

C. Menze 1965 (Nr. 55) zum Ausdruck kommt. Den naturphilosophischen Positionen und Motiven des Humboldtschen Werkes und ihren Wurzeln in der neuzeitlichen Philosophie ist der zentrale und längste Abschnitt, der ganze dritte Teil des Textes gewidmet. Denn hier vor allem liegen Möglichkeiten für ein neues und tieferes Verständnis des Autors und seiner Stellung innerhalb der Geschichte unseres Denkens.

Besser erforscht ist Humboldts Verhältnis zur Antike, sein Griechen-Ideal. Auch hier liegt ein entscheidendes Feld der Bildung seines Denkens. Denn die Griechen sind für ihn nicht einfach ein anderes Volk und eine andere Kultur. Sie sind ein privilegiertes Anderes, das Andere, aus dem wir uns herleiten und an dem wir uns zuerst und zuletzt messen dürfen, können, müssen. Vielleicht sollte man genauer sagen: Nicht wir messen uns an den Griechen, sondern maßgebende Kreise unter den Zeitgenossen Humboldts haben das getan, und zwar, wie es nicht anders möglich ist, indem sie Maß an ihrem *Bild* der Griechen nahmen, auch wenn sie dieses als historisch wahr zu rechtfertigen versuchten. Humboldt jedenfalls war sich der Besonderheit seiner Beziehung zu den Griechen aus der Lage seiner Zeit heraus durchaus bewußt. Heute im Geiste Humboldts zu denken kann daher nicht bedeuten, daß wir in unserer Zeit in derselben Weise Griechenkult betreiben, wie er das aus bestimmten Gründen getan und für seine Zeit empfohlen hat, sondern daß wir aus unserer Lage heraus nach Idealen suchen, an denen wir uns in entsprechender Weise bilden können. – Mit diesen wenigen Worten mag das Wesentliche über das Griechenbild des gelehrten Dilettanten gesagt sein (für eingehende Analysen und Diskussionen vgl. Quillien, Nr. 58); ihm ist kein eigener Teil der Darstellung gewidmet.

Von der Philologie ist der Weg nicht weit zur Ästhetik, dem Thema des vierten Teils. Die Ästhetik dürfte der Bereich sein, in dem Humboldt am schärfsten und nachhaltigsten in die wissenschaftliche Diskussion seiner Zeit eingegriffen hat. Hier befindet er sich theoretisch voll auf der Höhe der zeitgenössischen Diskussion – im Gespräch mit Schiller und Goethe im Jena Fichtes 1794/95. Er veröffentlicht nicht nur Aufsätze in den wichtigsten Zeitschriften der Epoche, sondern auch das einzige Buch, das er überhaupt veröffentlicht hat: eine kritische Würdigung von Goethes soeben erschienenem bürgerlichen Epos *Hermann und Dorothea,* das er zugleich in den Rahmen einer neuen Theorie der Dichtkunst stellt. Die Ästhetik ist denn auch der Ort, an dem er in die Diskussion um die Kantische Philosophie eingreift. Wie viele Nachkantianer knüpft er an die Erörterungen der *Kritik der Urteilskraft* an und entwickelt von hier aus seine eigene Theorie der dichterischen Einbildungskraft. Die Kategorien, die er sich dabei erarbeitet, werden seine spätere Sprachphilosophie – wenn man sie der Einfachheit halber und gegen seine eigene Ausdrucksweise so nennen will und darf – entscheidend prägen und bestimmen.

Damit schließt sich der Kreis der vorbereitenden Themen: persönliche Biographie, politische Biographie, Bildungsreform, Geschichtsphilosophie, Naturphilosophie, Philologie und Ästhetik. Das sind die wichtigsten Jagdgründe, die Humboldt durchstreift, in und an denen er sich bildet, stets auf der Suche nach dem, was er – wie man es rückblickend deuten kann – letztlich sagen wollte und konnte. Alles, was er unterwegs erfährt, sammelt sich im Begriff der *geistigen Individualität,* die sich durch Worte bildet; einem Begriff, dessen Vielfalt er in seinen ausgebreiteten, das ganze Leben durchziehenden Sprachstudien nachzuspüren versucht. Der fünfte und letzte Teil des Textes wird sich daher mit Humboldts „allgemeiner historischer Sprachkunde“ befassen und vor allem die philosophische Bedeutung dieser Studien zu erläutern versuchen.

Für die Gliederung dieses letzten Teils fehlt ein äußerer Leitfaden. Da Humboldt alle früheren Sprachansichten kritisiert und das Sprachstudium völlig neu zu begründen versucht, kann man sich nicht an den überkommenen Einteilungen dieses Studiums orientieren. Zweckmäßig erscheint es vielmehr, die Grundthemen der Humboldtschen Sprachphilosophie zur Richtschnur zu nehmen. Ein einleitendes Kapitel (V, 1) wird den Begriff der Sprachphilosophie näher betrachten und zu klären versuchen, was sie war, ist und sein kann; eine Frage, die selbstverständlich nur historisch erörtert werden kann. Aus der

Logik der Sache ergeben sich sodann die folgenden Abschnitte: Erstens (V, 2) das Verhältnis von Denken und Sprechen oder von Logik und Grammatik, das sich vielleicht, kantisch gesprochen, in das von Verstand und Einbildungskraft übersetzen läßt. Zweitens (V, 3) das Verhältnis von Sprache und Wirklichkeit oder von Bedeutung und Weltansicht; platonisch gesprochen, die Verbindung von Name und Sache. Das dritte Thema (V, 4) ist komplex und umfassend: Einerseits geht es um das Problem des Begriffs oder des Allgemeinen. Dazu gehört die Frage nach der Notwendigkeit der Sprachenvielfalt; in Humboldts Worten: nach der Verschiedenheit des menschlichen Sprachbaues; oder mythisch gewendet: nach dem Turmbau zu Babel. Dieses Problem ist jedoch eingebunden in den weiteren Horizont des Problems von Verstehen und Nicht-Verstehen, das sich in einer Humboldtschen Sicht der Dinge auf völlig neue Weise stellt. Es geht um die Bildung des Gedankens in der wirklichen Rede, und dabei insbesondere um die Rolle des Anderen, des Gegenübers in allem Sprechen; man kann auch sagen, womit nur die Spannweite des Problems angedeutet werden soll: um das Problem des Bösen oder der Kreativität – was vielleicht dasselbe bedeutet.

2. Chronik des Lebens

Wilhelm wird am 22. Juni 1767 in Potsdam geboren. Gut zwei Jahre später, am 14. September 1769, folgt ihm sein Bruder Alexander.

Die Familie des Vaters stammt aus Pommern. Seit dem 16. Jahrhundert, so weit läßt es sich zurückverfolgen, erzog sie Beamte und Offiziere für den Dienst der brandenburgischen Kurfürsten und preußischen Könige. Großvater Johann Paul (1684–1740), Offizier, 1706 verwundet und acht Jahre später pensioniert, bittet 1738 in einem Immediatgesuch an König Friedrich Wilhelm I. um Verleihung des Adelstitels; die Bitte wird erfüllt. Vater Alexander Georg (1720–79), ebenfalls Offizier, quittiert 1761, ebenfalls verletzt, den aktiven Dienst. 1765 wird er zum Kammerherrn bei der Gemahlin des Thronfolgers ernannt (bis zur Scheidung von dessen Ehe 1769) und gehört seither zum engeren Freundeskreis des späteren Königs Friedrich Wilhelm II., der auch die Patenschaft des Erstgeborenen Wilhelm übernimmt. 1766 heiratet er die einundzwanzig Jahre jüngere Marie Elisabeth Colomb (1741–96).

Henri Colomb, Urgroßvater mütterlicherseits und Kaufmann in Paris, stammt aus einer Familie von Grundbesitzern aus Blauzac, Département du Gard, die noch im 17. Jahrhundert nach Nîmes, der 18 km südlich gelegenen Bezirkshauptstadt, übersiedelt und bis über die Revolution hinaus dem wohlhabenden Bürgerstand angehört. Als Hugenotte flieht Henri nach der Aufhebung des Edikts von Nantes (1685) aus Paris nach Kopenhagen. Dort heiratet er die Tochter eines anderen Hugenotten, Jean Henri de Moor (Ur-Urgroßvater), der bald darauf, eingeladen vom Großen Kurfürsten, seine Spiegelmanufaktur aus Kopenhagen nach Neustadt an der Dosse (Brandenburg) verlegt. Das Erbe geht auf Henris Sohn über, auf Jean Henri Colomb (Großvater). Dieser heiratet die Tochter des preußischen Generalfiskals Wilhelm Durham (Urgroßvater), der, selbst schottischer Herkunft, mit Maria Glöckner verheiratet war. Urgroßmutter Maria ihrerseits stammt aus einer pfälzischen Familie, in der die Biographen endlich auch gelehrte Vorfahren der Brüder Humboldt ausfindig machen konnten, darunter drei, die zeitweilig das Amt des Rektors der Universität Heidelberg bekleideten: nämlich (1) den Professor für deutsches Verfassungsrecht, später fürstlich nassauischen Rat und Kanzleidirektor zu Diez, Georg Gisbert Glöckner (1640–1689; Ur-Urgroßvater der Brüder Humboldt); (2) den weitgereisten Leibarzt zweier pfälzischer Kurfürsten und Medizinprofessor Peter de Spina (1563–1622; siebente Generation oder $4 \times$ Ur-Großvater); sowie (3) den streitbaren Hugenottenführer von Metz und Mömpelgard, später Theologieprofessor und Kirchenrat in Heidelberg, Daniel Toussain (1541–1602; neunte Generation oder $6 \times$ Ur-Großvater, Ordnungsnummer 502 der Ahnentafel; alle Angaben nach Massenbach Nr. 38).

Neben ihrem ererbten Besitz bringt die Mutter Marie Elisabeth, verw. Freifrau von Holwede, aus erster Ehe Schloß und Gut Tegel mit in die Familie Humboldt. Diese unvergleichliche Insel der Ruhe, heute auf dem Gebiet, aber fern der Hektik der modernen Großstadt-Insel West-Berlin gelegen, ist Landwohnsitz der Familie in den Kindertagen der Brüder. Später im Besitz Wilhelms, wird das Schloß nach seinen Plänen von Schinkel klassizistisch umgebaut (1824) und dient noch heute den Nachfahren der Tochter Gabriele, der Familie von Heinz, als Wohnsitz und zugleich als Begegnungsstätte, Museum und Archiv.

Die Erziehung der Kinder ist von erlesener Art. Niemals hat der Reformator des preußischen Bildungswesens eine Schule besuchen müssen. Anfangs, 1769–73, obliegt die Betreuung dem Hofmeister des älteren Stiefbruders: Johann Heinrich Campe (1746–1818), dem nachmals berühmten Philanthropen, Pädagogen, Demokraten und Herausgeber einer 16-bändigen Pädagogischen Enzyklopädie, der Wilhelm 1789 auch auf seiner Reise nach Paris begleiten wird. Seit 1777 führt Gottlob Johann Christian Kunth (1757–1829), später preußischer Staatsrat und Mitarbeiter des Freiherrn vom Stein, die strenge Aufsicht. Er erteilt auch den erforderlichen Unterricht in Mathematik, Deutsch, Latein, Griechisch, Französisch und Geschichte.

1785 werden die jungen Brüder in das gesellschaftliche Leben Berlins eingeführt. Nun erhalten sie, allein oder in kleinen Gruppen, Privatunterricht: Nationalökonomie und Statistik bei Christian Wilhelm von Dohm (1751–1820), Historiker und Diplomat, erst in preußischen, dann in westfälischen Diensten; Naturrecht bei Ernst Ferdinand Klein (1743–1810), Kammergerichtsrat und Mitarbeiter am strafrechtlichen Teil des Allgemeinen Preußischen Landrechts; Philosophie bei Johann Jakob Engel (1741–1802), Philosoph der Berliner Aufklärung, durch sein Hauptwerk ‚Der Philosoph und die Welt' einer der bekanntesten Popularisierer der gängigen Schulphilosophie.

Die Berliner Luft jener Jahre wird geprägt von zwei Strömungen: (a) die Aufklärung, repräsentiert durch ihre Häupter Nicolai, Mendelssohn, Biester, die in ihrem viel beachteten Organ, der *Berlinischen Monatsschrift*, den öffentlichen Ton angeben; (b) die Empfindsamkeit, versammelt im Salon der Henriette

Herz, einer jüdischen Arztfrau portugiesischer Herkunft, in deren Umgebung sich ein neuer Zeitgeist, Vorbote des romantischen Lebensgefühls, im Stillen frei entfalten kann. Henriette Herz schließt mit ihrer Freundin Brendel Veit (Tochter von Mendelssohn und spätere Frau Friedrich Schlegels), Wilhelm von Humboldt und Karl Laroche einen Geheimbund, zu dem Karl als auswärtige Mitglieder auch noch die beiden Carolinen gewinnt: Caroline von Dachroeden aus Burg-Oerner bei Erfurt und Caroline von Beulwitz geb. Lengefeld, die Schwester von Schillers Frau Lotte und spätere Frau des Generals von Wolzogen, durch die eine Verbindung mit Erfurt (Dalberg) und Weimar (Goethe und Schiller) geschaffen wird. Es ist ein ‚Tugendbund‘ zur gegenseitigen moralischen Bildung mit eigener Satzung, Geheimnispflicht nach außen, Pflicht zur Offenheit untereinander, Du-Zwang.

1787, im Alter von zwanzig Jahren, verläßt Wilhelm zum ersten Mal Berlin. Mit Alexander und Erzieher Kunth geht er nach Frankfurt an der Oder und schreibt sich im WS 1787/88 an der dortigen Universität für juristische Fachstudien ein. Das hervorragende Abschlußzeugnis seines Lehrers Reitemeier ist überliefert (GS VII 545). Er selbst spricht rückblickend von einer Zeit, „da Justinian mit der ganzen Last seiner Gesetze auf mir lag" (Briefe an Jacobi, 6), und berichtet im übrigen an seinen Berliner Freund Beer: „Wenn Sie jemand wissen, der gern Doctor werden will und nichts gelernt hat, schicken Sie ihn nur her" (Nr. 11: Anhang 1, 107).

Während Kunth mit Alexander in Frankfurt bleibt, setzt Wilhelm, endlich allein, im SS 1788 seine Studien an der Universität Göttingen fort, die, 1737 gegründet, seinerzeit führend in Deutschland war. Er hört (vgl. GS VII 550ff.) bei Georg Christoph Lichtenberg (1742–99) – nicht Philosophie, wie man häufig liest, sondern – experimentelle Physik, im SS 1789 außerdem, jetzt wieder zusammen mit Alexander, eine Vorlesung über Licht, Feuer, Elektrizität und Magnetismus; bei August Ludwig Schlözer (1735–1809) Universal-Geschichte; alte Sprachen und Literatur bei Christian Gottlob Heyne (1729–1812), dessen Tochter Therese, die mit Georg Forster verheiratet ist, er

Abb. 2: Caroline Friederice von Humboldt, geb. von Dachroeden, Herrin auf Burg-Oerner bei Mansfeld und Auleben, * Minden 23. 2. 1766, † Berlin 26. 3. 1829. Lithographie nach einer Zeichnung von Wilhelm Wach (1787–1845) aus den Tegeler Jahren der Familie, vermutlich um 1825.

dabei kennenlernt. Nebenher macht er sich im Eigenstudium mit der kritischen Philosophie Kants vertraut, denn solche neuartigen Dinge werden in Göttingen nicht gelehrt; für Logik und Metaphysik ist Johann Georg Heinrich Feder zuständig, dessen schulphilosophische Lehrbücher Wilhelm aus seinem Privatunterricht bereits zur Genüge kennt.

Im Sommer 1788 lernt er das korrespondierende Mitglied des Tugendbundes, Caroline von Dachroeden, auf dem väterlichen Gut Burg-Oerner bei Mansfeld persönlich kennen. Viel hat man voneinander erwartet und findet noch mehr. Der Bund hat seinen Dienst erfüllt: Die beiden kommen sich näher, indem sie sich von ihm distanzieren.

Von September bis November 1788 begibt sich Wilhelm auf eine Bildungsreise durchs Reich. Höhepunkte sind die Besuche bei Georg Forster in Mainz und bei Friedrich Heinrich Jacobi in Pempelfort, mit denen ihn seither ein kultivierter Briefwechsel verbindet.

Nach insgesamt vier Semestern – ein Fachsemester in Frankfurt und drei allgemeinbildende Semester in Göttingen –, von häufigen Reisen unterbrochen, endet die Studienzeit im Juli 1789. Was läge näher als – Paris? Die zweite Jahreshälfte 1789 findet Wilhelm wieder auf Reisen, den ganzen August verbringt er in der Hauptstadt der Revolution. Doch die historischen Kulturdenkmäler sowie das großstädtische Massenelend beeindrucken den skeptisch-kühl und distanziert beobachtenden Bildungstouristen nicht weniger als die politischen Ereignisse. Die Revolutionseuphorie seines Reisebegleiters Campe jedenfalls kann er nicht teilen. Seine Erinnerungen sind nur in knappster Tagebuchform für den eigenen Gebrauch überliefert (GS XIV 76–139), während Campes *Briefe aus Paris* als einer der ersten Reiseberichte aus dem revolutionären Frankreich in Deutschland große Beachtung finden und, wegen ihrer ,Tendenz‘, obrigkeitliche Kritik hervorrufen.

Höhepunkt des Jahres 1789 aber ist zweifellos die Verlobung mit Caroline von Dachroeden, die am 17. Dezember auf der Rückreise von Paris nach Berlin in Erfurt stattfindet.

In Berlin beginnt eine rasche, glänzende, wenn auch für die Zeit wohl nicht ganz ungewöhnliche juristische Laufbahn: Im Februar 1790 Anstellung am Stadtgericht Berlin als Auskultator, die dazu erforderliche Anstellungsprüfung folgt im März; im Juli desselben Jahres Referendarprüfung, dann Urlaub; im September immer noch desselben Jahres Bestallung als Referendar am Hof- und Kammergericht, dann am Oberappellationsgericht, dann auch am kurmärkischen Pupillenkollegium; gleichzeitig Tätigkeit unter Graf Hertzberg im auswärtigen Departement, die Wilhelm im Juni 1790 den Titel eines Legationsrats einträgt. Das genügt. Schon im Mai 1791 reicht er sein Entlassungsgesuch aus dem juristischen Staatsdienst ein, das er lakonisch mit ‚zwingenden Familienumständen' begründet. Vom auswärtigen Dienst läßt er sich nur beurlauben.

Am 29. Juni 1791 findet die Hochzeit mit Caroline statt. Humboldts umfangreichstes Werk ist der in sieben Bänden publizierte Briefwechsel mit seiner Frau aus den Jahren 1787–1829 (Nr. 12). Acht Kinder werden in dieser Ehe geboren. Der junge Wilhelm stirbt im Alter von neun Jahren in Rom und hinterläßt den Vater in tiefem Schmerz. Zwei weitere Kinder sterben früh.

In den Jahren 1791–94 lebt die junge Familie frei von allen äußeren Verpflichtungen nur den eigenen Interessen. Doch mit der Zeit empfindet Humboldt seine Lage als Privatgelehrter auf den Gütern des Schwiegervaters als ein „gestörtes unangenehmes Leben" (an Brinkmann, Nr. 14: 60). Ein neuer Abschnitt beginnt mit der Übersiedlung der Familie nach Jena im Februar 1794. Im Mai desselben Jahres trifft auch Schiller hier ein, den Humboldt von nun an täglich besucht. Gemeinsam arbeiten sie an einer neuen Zeitschrift Schillers, den *Horen*. Caroline leitet den Kontakt Wilhelms zu Goethe in Weimar ein, Wilhelm vermittelt kurz darauf den zwischen Goethe und Schiller. Auch der schon damals berühmte Fichte lehrt seit dem Frühjahr 1794 in Jena – doch Humboldt hört und praktiziert „den ganzen Vormittag von 9 Uhr an" Anatomie bei J. Chr. Loder (an Wolf, Nr. 1: 5, 118) – „mit kannibalischer Wuth", wie Alexander ironisch berichtet (an Sömmering, Nr. 56: 92).

Die glückliche Zeit in Jena währt nicht viel länger als ein Jahr. Im Sommer 1795 ruft eine ernste Krankheit der Mutter den Sohn zurück nach Tegel. Es folgen unruhige, unsichere Jahre: die lange Krankheit, der Tod der Mutter (November 1796), dann die Probleme der Erbregelung; unterdessen große literarische Projekte, die zu reichhaltigen Entwürfen, nicht aber zu abgeschlossenen Werken führen. Ein längerer Auslandsaufenthalt soll Klarheit bringen. Doch die geplante Italienreise fällt den dortigen Kriegen Bonapartes zum Opfer. Stattdessen läßt sich die Familie Humboldt im November 1797 für fast vier Jahre in Paris nieder.

Am neuen Pariser Wohnsitz, Faubourg Saint-Germain, entwickelt sich ein interessantes und reges gesellschaftliches Leben.
Humboldt vertieft das Studium besonderer Charakterformen,
vor allem natürlich das des französischen Nationalcharakters.
Nicht zuletzt zu diesem Zweck unternimmt die Familie von
hier aus eine große Spanienreise, der Humboldt eine zweite
Reise, diesmal ohne Familie, ausschließlich ins Baskenland folgen läßt. Das Erlebnis der baskischen Sprache und Nation
bringt den entscheidenden Anstoß für lebenslange Bemühungen um die Erforschung der ‚Verschiedenheit des menschlichen
Sprachbaues und ihren Einfluß auf die geistige Entwicklung des
Menschengeschlechts‘.

Im Sommer 1801 kehrt die Familie nach Berlin zurück. Humboldt bewirbt sich um einen Posten im Auswärtigen Dienst. Im
Mai 1802 wird er zum Preußischen Residenten am Päpstlichen
Stuhl ernannt, weil der erste Amtsinhaber, Uhden, aus privaten
Gründen um seine Ablösung bittet und sich kein anderer Diplomat um die sonnige, aber unbedeutende Provinzstelle bemüht. 1798 hatten die Franzosen Rom besetzt, Pius VI. in Ge-
fangenschaft geführt. Das Konkordat von 1801 zwischen Bona-
parte und Pius VII. ließ einen bedeutungslosen Reststaat bestehen, der, 1808 vorübergehend Frankreich einverleibt, 1815
durch den Wiener Kongreß noch einmal restauriert werden
sollte.

In Rom verbringt Humboldt die glücklichsten Jahre seines
Lebens. Die diplomatischen Geschäfte erledigt er mit leichter
Hand, im übrigen bewegt er sich in der antiken Welt. Doch die
Jahre 1806/07 bringen mit dem Zusammenbruch Preußens auch
die Plünderung Tegels. Humboldt ersucht um einige Monate
Urlaub; im Oktober 1808 verläßt er die geliebte Ewige Stadt –
für immer.

Denn inzwischen hat der Wiederaufbau Preußens durch die
inneren Reformen des Reichsfreiherrn vom und zum Stein begonnen. Unmittelbar vor seiner Entlassung auf Drängen Napoleons schlägt der Erste Minister Humboldt zum Leiter des
preußischen Unterrichtswesens vor. Auf der Rückreise von
Rom nach Erfurt erfährt dieser von den Plänen zu seiner Beru-

fung, zögert, lehnt ab, wird am 15. Dezember 1808 durch Kabinettsordre berufen und am 20. Februar 1809, nachdem er doch zugesagt hat, zum Geheimen Staatsrat und Direktor der Sektion für Kultus und Unterricht ernannt. Die Sektion ist dem Innenministerium des Grafen Alexander von Dohna zugeordnet, den er als Frankfurter Kommilitonen kennt. „Wir gehören einmal zu dem Lande, unsere Kinder auch, ganz müßig kann man dafür nicht bleiben", schreibt er am 4. 2. 1809 in der Erläuterung seiner Entscheidung an Caroline nach Rom (Nr. 12: 3,87).

Nur sechzehn Monate währt die außerordentlich folgenreiche Tätigkeit als Sektionschef. Das gesamte preußische Schulwesen wird neu organisiert. Sichtbarstes Zeichen seiner Amtszeit aber ist die Gründung der Berliner Universität, deren Typus zum Vorbild vieler Neugründungen im 19. Jahrhundert wird und noch heute in zahlreichen amerikanischen Universitäten erfolgreich weiterlebt.

Schwierigkeiten mit seiner untergeordneten Stellung im Staatsrat vor allem veranlassen Humboldt, im April 1810 sein Abschiedsgesuch einzureichen. Im Juni 1810 erfolgt die Verleihung des Titels eines Staatsministers verbunden mit seiner Ernennung zum preußischen Gesandten in Wien. Einer der führenden Diplomaten am Kaiserhof, betreibt er in den folgenden Jahren mit großer Beharrlichkeit die Verbindung Preußens mit Österreich gegen Frankreich. In den Verhandlungen mit Napoleon in Prag vom Sommer 1813 werden diese Bemühungen erfolgreich zu Ende geführt: Österreich tritt dem Bündnis Rußlands, Preußens und Englands bei (12. 8.). Die darauffolgende Völkerschlacht bei Leipzig (16.–19. 10.) endet mit der Niederlage Napoleons.

Auch bei den Friedensverhandlungen von 1814, die zum Ersten Pariser Frieden führen, vertritt Humboldt die Interessen Preußens. Durch seine Härte macht er sich unbeliebt. Als er später zum preußischen Gesandten vorgeschlagen wird, verweigert ihm die französische Regierung das Agrément. Sein Bruder Alexander hingegen wäre hochwillkommen, doch der lehnt jedes politische Engagement entschieden ab.

Auch die folgenden Jahre führen den Diplomaten an die

Brennpunkte des Geschehens: auf den Wiener Kongreß und zu den Verhandlungen, die dem Zweiten Pariser Frieden vorausgehen. Die politischen Entscheidungen Preußens liegen jedoch stets in den Händen des Staatskanzlers Hardenberg, dessen Vorstellungen durchaus nicht immer denen seines Ministers entsprechen.

Mit der Übernahme der Aufgaben eines preußischen Bevollmächtigten bei der Territorialkommission in Frankfurt am Main im Jahr 1815 tritt ein neues Problem ins Zentrum von Humboldts politischem Interesse und seiner diplomatischen Tätigkeit, die Frage einer Deutschen Verfassung. Es scheint, daß er in dieser Sache erstmals eigene politische Ambitionen entwickelt. Die Versetzung auf den Posten des preußischen Gesandten in London 1817/18 versteht er als den Versuch des Kanzlers, ihn vom Zentrum der Macht zu entfernen. Der Konflikt spitzt sich zu, doch er gibt nicht auf.

Endlich, im Januar 1819, wird Humboldt ins Kabinett berufen, der König ernennt ihn zum Minister für Ständische Angelegenheiten. Doch gleichzeitig erklärt der Kanzler Hardenberg, daß er selbst die neue Verfassung zu entwerfen gedenkt. Obwohl gerade in diesem Punkt die Auffassungen der beiden Männer nicht sehr weit voneinander entfernt sind, ist der Konflikt damit programmiert. Er entscheidet sich jedoch auf einem anderen Feld.

Im Herbst 1819 werden, in engstem Kreis, die Karlsbader Beschlüsse gefaßt: Zensur, Verbot der Burschenschaften, Verfolgung von ,Demagogen', Überwachung von Universitäten und Presse sind die Folgen. Dagegen legt Humboldt (mit den Kabinettskollegen Boyen und Beyme sowie Generalstabschef Grolmann) offiziellen Protest ein. Diese Aktion führt zu seiner Entlassung aus dem Staatsdienst am 31. Dezember 1819.

Vom 1. Januar 1820 bis zu seinem Tod am 8. April 1835 lebt Wilhelm von Humboldt als Privatgelehrter in Tegel. Eine gewaltige wissenschaftliche Korrespondenz verbindet ihn mit allen Teilen der gelehrten Welt. Das für ihn einschneidendste Ereignis dieser langen Jahre ist der Tod Carolines am 26. März 1829, ihre Grabstätte wird im Schloßpark von Tegel errichtet.

Im Jahr 1830 kommt es nach der formellen Aussöhnung mit dem König zu einer Wiederberufung in den Staatsrat, wenn auch ohne politischen Einfluß; immerhin ein kleines Zugeständnis des Monarchen an den liberalen Geist der Unruhen von 1830. Schon 1825 übernimmt Humboldt den Vorsitz des Vereins der Kunstfreunde im Preußischen Staate, der das Ziel verfolgt, Kunst und junge Künstler zu fördern. 1829 kommt der Vorsitz der (Regierungs-)Kommission für die Einrichtung des ersten öffentlichen Kunstmuseums in Preußen hinzu, eine Aufgabe, durch welche Humboldt zum Vater der Berliner Museumskultur werden sollte (vgl. Lübbe, Nr. 48).

3. Das Problem einer Biographie

a) Probleme der Einheit

Über Humboldt sind mehr Biographien geschrieben worden als über viele andere, bekanntere Persönlichkeiten unserer Geschichte. Auch wer sich nur mit seinem Werk auseinanderzusetzen vornimmt, sieht sich in der Regel genötigt, ausführlich auf das Leben einzugehen. Deshalb sei hier die einleitend aufgestellte These wiederholt: Humboldts Werk ist in erster Linie sein Leben. Offenbar sehr viel mehr als bei anderen Autoren erscheint die schriftliche Hinterlassenschaft nur als ein fragmentarischer Anhang oder Kommentar zum Lebens-Werk. Allgemein wird die politische Tätigkeit Humboldts für bedeutender gehalten als seine wissenschaftliche Leistung. Doch auch mit dieser Vorentscheidung bleiben für eine Deutung beider Seiten – Leben und Werk – noch vielerlei Wege offen.

Ein Teil der Schwierigkeiten, die scheinbar so verschiedenen Seiten im Leben und dann auch in den Schriften Humboldts in eine Person zusammenzudenken, scheint daher zu rühren, daß man sich nun einmal wenigstens den Politiker und den Gelehrten als verschiedene Personen vorstellt. Häufig hat man versucht, beide gegeneinander auszuspielen: Einerseits spricht man von dem aristokratischen Homer-Liebhaber, der gelegentlich die Neigung verspürte, seine Kräfte in der Politik zu üben, die einmal übernommene Arbeit jedoch, sobald sie zu mühsam wurde, ohne Rücksicht auf die Nöte des Vaterlandes wieder fallen ließ. Andererseits denkt man sich den ebenso ehrgeizigen wie erfolglosen Politiker, der sein Scheitern hinter großen Worten versteckte und die erzwungene Muße notgedrungen mit wissenschaftlicher Arbeit kompensierte. Doch Gegensätze dieser Art, so selbstverständlich sie zu sein scheinen, sind gewordene Gegensätze, keine notwendigen. Um es an diesem Beispiel zu verdeutlichen: In Frankreich hat die Verbindung des homme de lettres mit dem homme politique eine gute Tradition, sie ist anerkannt und keineswegs selten; ganz zu schweigen vom alten China, wo man gar nicht politisch aktiv werden konnte, ohne sich zuvor als Gelehrter bewährt zu haben. Doch Humboldt lebte in Preußen. Und manchem preußischen Historiker erschien diese Verbindung so absonderlich, daß er sie aus dem französischen Blut in Humboldts Adern zu erklären versuchte. Jedenfalls ist die Frage nach dem Zusammenhang und der Einheit dieses Lebenslaufs, dieser Person, dieser Individualität in einer neuen Gesamtdarstellung nicht zu umgehen.

Kontroversen ergeben sich vor allem bei der Frage der Bewertung von Einstieg und Ausstieg aus der Politik. Warum läßt sich der vierundzwanzigjährige Referendar am Kammergericht und Legationsrat des Auswärtigen Amtes 1791 vom Dienst beurlauben und bricht damit eine standesgemäße Laufbahn ab, die schon damals vielversprechend und für die er erzogen war? Warum bemüht sich der vierunddreißigjährige Weltmann und Autor um eine Stellung im diplomatischen Dienst? Wie läßt es sich erklären, daß er, der eine klassische und ehrenvolle Botschaft sucht, als sich überraschend die Gelegenheit bietet, offenbar höchst erfreut und gern den völlig unbedeutenden Posten eines preußischen Residenten am Päpstlichen Stuhl annimmt, einen Einmannbetrieb abseits von aller Politik, und dort die sechs „schönsten Jahre" in der Mitte seines Lebens verbringt? Ähnliche Fragen und Unklarheiten liegen über fast allen Entscheidungen seines politischen Weges: über dem Zögern angesichts der höchst ehrenvollen Berufung zum Leiter des preußi-

schen Unterrichtswesens, dem Posten, für dessen Wahrnehmung er bis heute am besten bekannt ist; dem eiligen Rückzug
aus dieser Stellung nach weniger als sechzehn Monaten Amtszeit; ebenso über seiner diplomatischen Tätigkeit in Wien und
in Frankfurt, über seinem Konflikt mit Hardenberg um die
Kompetenzen beim Entwurf einer ständischen Verfassung für
Preußen sowie dem plötzlichen und endgültigen Ausscheiden
aus der aktiven Politik.

Von der Beantwortung solcher Fragen hängt natürlich auch
die Bewertung der politischen Tätigkeit Humboldts ab. War sie
insgesamt erfolgreich oder nicht? An drei ausgewählten Beispielen soll auf die konträren Interpretationsmöglichkeiten hin-
gewiesen werden, nicht um sie zu lösen, sondern eher um die
Schwierigkeiten ihrer Lösung zu verdeutlichen.

b) Drei offene Fragen

(1) Die Bildungspolitik des Sektionschefs. Hier hat man immer
wieder die Neuorganisation und Vereinheitlichung des gesamten staatlichen Bildungswesens, das völlig darniederlag, und die
Gründung der Berliner Universität als die persönlichen Lei-
stungen Humboldts herausgestellt. Skeptische Historiker unserer Zeit verweisen demgegenüber darauf, daß (a) die allgemeinen Reformen in Preußen bereits vor Humboldts Amtsantritt
eingeleitet, daß auch die Bildungsreform und die Einrichtung
einer Berliner Universität theoretisch längst vorbereitet waren
(vgl. die Reden und Schriften über die Idee der deutschen Universität von Schelling (1802/3), Fichte (1807), Schleiermacher
(1808), Steffens (1808/09), neu herausgegeben von Anrich,
Nr. 41), Humboldt also nur noch die Ausführung dieser Pläne
von Amts wegen in Gang zu setzen hatte, und daß zudem (b)
wesentliche Teile seiner Reformvorstellungen nicht verwirk-
licht und andere bald nach seinem vorzeitigen Ausscheiden aus
dem Amt wieder rückgängig gemacht wurden. Durchgesetzt
habe sich allein der staatliche Dirigismus im Unterrichtswesen.
Über den ‚Erfolg‘ könne man bei Nietzsche (‚Über die Zukunft
unserer Bildungsanstalten‘, 1872) nachlesen.

(2) Die preußische Diplomatie. Humboldt hat während seiner Wiener Gesandtschaft mit aller Energie den Beitritt Österreichs zur preußisch-russischen Allianz gegen Napoleon betrieben. Dieser Beitritt wird auf dem Prager Kongreß im August 1813 unter seiner Mitwirkung vollzogen. Er selbst schreibt am gleichen Tag an seine Frau: „Ich habe jetzt *eine* wichtige Sache im Leben durchgesetzt". Einige Historiker sind geneigt, ihm hierin zuzustimmen. Andere versuchen zu zeigen, daß für Humboldt weder Spielraum noch Einflußmöglichkeiten bestanden; daß er nichts bewegen konnte, so gerne er es getan hätte; daß vielmehr das starrsinnige Verhalten Napoleons in den Sommermonaten des Jahres 1813 Metternich zu diesem von ihm lange hinausgezögerten Schritt genötigt habe. Diese Frage scheint sich übrigens recht gut klären zu lassen, wenn man auf Humboldt selber hört, der in dem zitierten Brief an seine Frau fortfährt: „... wenn ich das sage, meine ich indes doch nicht, daß ich sie eigentlich gemacht hätte. Andere Menschen haben ebensoviel als ich beigetragen, die Umstände mehr, und Napoleon am meisten. Allein ich bin doch eigentlich der einzige, der die Beruhigung genießt, von Anfang an die Sache keinen Augenblick verlassen zu haben; ich habe überdies immer in demselben Geiste, seit ich nach Wien kam, gewirkt und auf diesen einen Punkt hingearbeitet, und dadurch denn doch sehr die, welche am Ende handeln mußten, in das rechte Geleis geführt und darin erhalten. Mehr Verdienst maße ich mir nicht dabei an" (Nr. 12: 4, 93).

(3) Die Entlassung des Ministers. Auch der abrupte Abtritt Humboldts von der politischen Bühne Preußens wird unterschiedlich gedeutet. Waren es blinder Ehrgeiz und beleidigte Eitelkeit, die ihn veranlaßten, auf Kollisionskurs mit seinem Kanzler zu gehen, der gerade in der Verfassungsfrage sein Verbündeter hätte sein können? War es eine unbegreifliche Fehleinschätzung der Machtverhältnisse in der Regierungsspitze, die ihn dazu trieben, seinem König die Entscheidung aufzuzwingen: entweder Hardenberg oder Humboldt? Oder stand vielmehr, wie andere Historiker es sehen, die liberale Grundüberzeugung auf dem Spiel, die es Humboldt unmöglich mach-

te, als preußischer Minister die Karlsbader Beschlüsse mitzutra-
gen, und die ihn zu einem Protest nötigte, der zwangsläufig
seine Entlassung und die seiner liberalen Kollegen zur Folge
hatte? Immer wieder jedenfalls wird ein Brief der Tochter Gabriele zitiert, die am 4. Januar 1820 an Heinrich von Bülow,
ihren Verlobten, schreibt, daß ihr Vater seine Bücher ordne,
„froh, in der lang entbehrten Freiheit sich nach seinem Gefallen
beschäftigen zu können" (Sydow, Nr. 18: 174).

c) Probleme der Bewertung

Vermutlich wird niemand Einwände erheben, wenn man sagt,
daß die Frage, ob Humboldts politische *Tätigkeit* als historisch
erfolgreich zu bewerten sei oder nicht, eine Frage des Standpunkts, der Perspektive und des Maßstabs ist. Es versteht sich
von selbst, daß man auch über die Bewertung seiner politischen
Intentionen geteilter Auffassung sein kann; sie sind häufig genug kritisiert worden. Man kann aber ferner auch noch darüber
im Zweifel sein, ob die Politik Humboldts als *persönlich* erfolgreich oder nicht zu beurteilen sei, wenn man den Erfolg an dem
zu messen versucht, was er erreichen wollte oder erreichen zu
können glaubte. Denn hier entsteht sogleich ein neues Problem:
Was wollte Humboldt? Was er getan und geschrieben hat, können wir, zumindest teilweise, nachlesen. Was er durch Wort
und Tat bezweckte oder ‚eigentlich' bezweckte, ist hingegen
eine Frage der Interpretation; und seine Absichten sind in der
Tat auf sehr unterschiedliche, oft gegensätzliche Weise interpretiert worden. Jede solche Interpretation ist von Grundentscheidungen über die Person und das Leben Humboldts abhängig.
Nimmt man ein widerspruchsvolles Bündel heterogener Stre-
bungen an, das historisch den Namen Wilhelm von Humboldt
führt, aber nie zu einer Einheit gefunden hat? Oder nimmt man
umgekehrt eine verborgene Einheit des Wesens an, die sich nur
in verschiedenen Lagen verschieden geäußert hat? Das sind
Grundentscheidungen, aus denen heraus man die Chronik seines Lebens lesen, über die man aber nicht aus dieser Chronik
heraus entscheiden kann. Die eine oder andere von ihnen selbst

kann wiederum nur im Rahmen einer umfassenden Biographie erläutert und ggf. einsichtig gemacht werden. Jedenfalls gibt es ein berechtigtes historisches, im Sinne Nietzsches gesprochen, antiquarisches Interesse an Humboldt als einer bedeutenden Gestalt der deutschen Geschichte; und deshalb muß der Historiker hier zu Entscheidungen kommen. Mein Interesse jedoch – und hier erscheint eine persönliche Formulierung aus philosophischen Gründen erforderlich – mein Interesse liegt anders. Was Humboldt eigentlich meinte und wollte mit dem, was er gesagt, geschrieben und getan hat – das weiß ich nicht, und das will ich auch nicht wissen. Ich nehme die Gesamtheit seiner Hinterlassenschaft und frage, was sie für mich, was sie für uns bedeuten kann. Dabei gehe ich davon aus, daß es erfolgversprechend ist zu versuchen, diese Gesamtheit als ein sinnvolles Ganzes zu verstehen. Wenn und insofern dieser Versuch gelingt, hat die Frage ihren guten Sinn gehabt. Und damit wird die andere Frage müßig, ob mit dieser Interpretation die Intentionen des Autors oder gar die Wahrheit seines Lebens getroffen seien.

Zur Bestimmung ihrer Aufgabe berufen sich die Biographen Humboldts gerne auf eine schöne Bemerkung aus dem *Fragment einer Selbstbiographie* von 1816. Dort schreibt Humboldt: „Es giebt in dem Menschen, wie in jedem wirklichen Wesen, immer einen gewissen Theil, der nur ihn und sein zufälliges Daseyn angeht, und recht füglich von andren unerkannt mit ihm dahinstirbt; dagegen giebt es in ihm einen andren Theil, durch den er mit einer Idee zusammenhängt, die sich in ihm vorzüglich klar ausspricht, und von der er das Symbol ist" (GS XV 452). Die älteren Biographen sind sich mit Humboldt einig darin, daß es darum gehe, diese ‚Idee‘ in seinem Leben zu erkennen und darzustellen. Bei den neueren Biographen (spätestens, jedenfalls besonders einflußreich seit Kaehler 1927: Nr. 22) ist dieses Verfahren als Idealisierung in Verruf geraten. Stattdessen sucht man die Wahrheit und die Wirklichkeit der Person in ihrem ‚zufälligen Daseyn‘. Überzeugender als diese schlichte Umkehrung einer idealisierenden Betrachtungsweise erscheint der seither mehrfach unternommene Versuch einer ‚Verbindung‘ beider Seiten (so z.B. Kessel, Nr. 23), der die

Annahme Humboldts zugrundelegt, daß ‚jedes wirkliche Wesen‘ beide enthalte. Doch bleiben, soweit ich sehe, alle Biographen auf der Suche nach der ‚Wahrheit‘ über ihren Autor. Ich bin demgegenüber eher geneigt, zu der in der zitierten Bemerkung ausgedrückten Absicht Humboldts zurückzukehren, aber mit einer entscheidenden Erweiterung seines Gedankens. Wohl nehme ich Humboldt als Symbol für eine Idee, doch ist diese Idee nichts Festes, Unveränderliches, aller Deutung des Symbols immer schon Vorausliegendes. Vielmehr kann diese Idee erst durch die Interpretation des in den ‚Lebensdaten‘ Gegebenen zu etwas Wirklichem werden und damit dieses Gegebene als ihr Symbol verständlich machen. Denn niemals hat unser Denken zu etwas Wirklichem einen anderen Zugang als über seine Wirkungen oder darüber, wie es sich uns als etwas darstellt, wie es sich äußert. Wollen wir ein wirkliches zudem als ein geistiges Etwas verstehen, dann gehören zu den Äußerungen seines Wesens neben seiner Erscheinung, seinem Ausdruck, seinem Verhalten, seinen Taten immer auch seine Worte als die spezifischen Äußerungen des Geistes, die seinem Wesen Bedeutung zu geben bestimmt sind, selbst aber immer wieder von neuem der Deutung bedürfen.

Diese methodischen Bemerkungen führen den Leser schon im voraus in eine eigentümlich Humboldtsche Problemstellung hinein. Sie kündigen an, daß sich der vorliegende Versuch einer Darstellung Humboldts, in seinen eigenen Worten gesagt, als Versuch einer *Charakteristik* versteht. Der Charakter als ein zentraler Terminus des Humboldtschen Denkens, wird später ausführlich erörtert (Teil III, 1). Die Charakteristik jedenfalls, so viel kann jetzt schon gesagt werden, meint die Beschreibung einer Sache, die nicht definiert, d.h. nicht abschließend durch Worte beschrieben werden kann. Charakteristik ist folglich eine Methode der Beschreibung für alle wirklichen Dinge, die, um wirken zu können, individuell sein müssen und als individuelle unendlich sind. Noch für Leibniz waren das griechische Wort χαϱακτήϱ und das lateinische Wort *signum* gleichbedeutend (Zeichen). Unser erkennendes Denken ist und bleibt, so Leibniz und nicht nur er, auf Zeichen angewiesen. Es kommt niemals endgültig zur wirklichen Sache selbst und wird deshalb und in diesem Sinne, was nämlich die Erkenntnis des Wirklichen betrifft, blind genannt. Gleichwohl ist es erkennend, indem es etwas von anderem unterscheidet. Das zeichenhafte oder charakteristische Denken bildet seine Gegenstände und macht sie dadurch erst deutlich für uns. Was Humboldt, insofern er Gegenstand dieser Darstellung sein soll, wirklich gewesen ist und ob er für uns überhaupt etwas gewesen sein kann, wird erst die gelungene Interpretation der Texte und Zeugnisse und anderen Quellen zeigen, die bislang – soviel ist vorausgesetzt – nur seinen Namen tragen. In diesem Sinn ist die Gesamtheit der unter dem Namen Humboldt überlieferten Spuren für uns das Symbol einer Idee, die wir suchen. Die Darstellung selbst ist der Übergang vom Namen zur Sache.

Wem solche Überlegungen absurd erscheinen, der denke nur an die berühmte Homerische Frage, die gerade damals heftig diskutiert wurde. Friedrich August Wolf, Humboldts Mentor und Gesprächspartner in philologicis und bedeutendster Philologe seiner Zeit, hatte soeben in seinen *Prolegomena ad Homerum* von 1795 die Identität des Dichters in eine Vielzahl von verschiedenen Autoren zertrümmert. Der Homer-Liebhaber Humboldt ließ sich dennoch nicht davon abhalten, Homer als den größten aller Dichter nicht nur des Altertums zu preisen. Wer hat recht? Eben diese Frage ist müßig. Es ist lediglich von wissenschaftshistorischem Interesse festzustellen, daß der gegenwärtige Stand der Forschung eher der Ansicht des Dilettanten zuneigt. Entscheidend ist vielmehr, daß sich die Frage nach der Identität Homers am Ende des 20. Jahrhunderts vor dem Hintergrund der *oral poetry*-Forschung anders stellt als am Ende des 18. Jahrhunderts, vor dem Hintergrund des Streits um eine normative Poetik. Oder man denke an Humboldts Schrift über den Charakter des 18. Jahrhunderts, in der er sehr ernsthaft den fast frivolen Versuch unternimmt, in die Gesamtheit der geistesgeschichtlichen Entwicklungen und Ereignisse zwischen den abstrakten Jahreszahlen 1700 und 1800 – und zwar noch im Jahr 1798 – Konturen einzuzeichnen, derart, daß diese sich zu einer lebendigen historischen Gestalt organisieren.

Abb. 3: Eine römische Idylle: die Schwestern Adelheid (spätere von Hede-
mann, 1800–1856) und Gabriele (spätere von Bülow, 1802–1887), verklärt
von dem in Rom lebenden Maler Gottlieb Schick (1776–1812). Das Gemälde entstand 1809 im Auftrag von Mutter Caroline, als Vater Wilhelm – mit
Sohn Theodor (1797–1871) – die Stadt bereits verlassen und in Königsberg
das preußische Bildungswesen zu reorganisieren begonnen hatte.

So verunsichert, stellen wir noch einmal die Frage: Was gibt uns das Recht, die Äußerungen eines Menschen, strenger formuliert, die Äußerungen, die uns unter einem und demselben Namen überliefert sind, als solche, die eine Einheit symbolisieren, vorauszusetzen, um sie dann als von dieser Einheit her bestimmt zu interpretieren? Nur der Erfolg kann dieses Unternehmen im nachhinein rechtfertigen. Das Gewicht der Tradition ähnlicher Bemühungen gibt uns den nötigen Kredit im voraus.

Die These, unter welcher in den folgenden Kapiteln knapp und exemplarisch das Leben und Wirken Wilhelm von Humboldts in den verschiedenen oben (Teil I, 1.b) genannten Bereichen interpretiert werden soll, ist also die folgende: Die Ideen des Gelehrten, des Philosophen, des Kritikers einerseits, die amtlichen Dokumente des Diplomaten und Politikers andererseits und das persönliche Denken, Fühlen, Wollen hinter oder unter diesen verschiedenen Außenseiten können als eine – glücklicherweise vielfältige und reichhaltige – wirkliche Einheit gedeutet und verstanden werden. Alles fließt aus einer Grundhaltung Humboldts sich, den anderen und der Welt gegenüber, die früh erkennbar ist und sich später nur immer klarer ausspricht. Die ‚Prinzipien‘, die dieser Haltung zugrunde liegen, bleiben deshalb unerschütterlich, weil sie formal sind. Sie greifen den konkreten Gegebenheiten niemals vor, sondern geben ein Verfahren an die Hand, das es ihm ermöglicht, in den unterschiedlichsten Lagen ‚derselbe‘ zu *bleiben,* und das bedeutet für Humboldt, die eigene Individualität weiter zu *bilden,* ‚er selbst‘ zu werden.

II. Geschichte

1. Maschinenmodell oder Gartenmodell –
Humboldts politische Theorie

a) Die Frage nach dem Zweck des Staates

Die ersten eigenständigen Gedanken entwickelte Humboldt, seinem Stande und seiner Ausbildung durchaus angemessen, auf dem Gebiet der Politik. Persönlicher Neigung entsprach es, daß er sich sogleich den allgemeinsten Fragen dieses weiten Feldes zuwandte, den Fragen der Staatstheorie. Über die Prinzipien der Politik mußte Klarheit bestehen, bevor man hoffen konnte, gestaltend in sie einzugreifen. So etwa wird der vierundzwanzigjährige Legationsrat gedacht haben, als er sich, sobald der glanzvolle Einstieg gelungen war, aus dem aktiven Staatsdienst ins Privatleben zurückzog. Frei von den Pflichten und Zwängen des Amtes, frei für einen Gedankenaustausch mit den großen Geistern der Gegenwart und der Vergangenheit, konnte er jetzt seine politischen Ideen entwickeln; es geschah in Form von Briefen und Schriften. Einiges erschien 1792 im Druck, zumeist anonym, das Hauptstück jedoch, das *Grüne Buch*, an dem sein Herz hing und das den programmatischen Titel trug *Ideen zu einem Versuch, die Gränzen der Wirksamkeit des Staats zu bestimmen*, fiel der Berliner Zensur zum Opfer. Schon bald verlor er das Interesse an einer Veröffentlichung. Erst 1851 wurde es vollständig gedruckt, sogleich als ein ‚Manifest des Liberalismus‘ begierig aufgenommen und in einer veränderten historischen Lage für tagespolitische Zwecke genutzt.

Die herrschende Ansicht vom Staat, mit der Humboldt sich auseinanderzusetzen hatte, war diejenige des aufgeklärten Absolutismus friederizianischer Prägung: Nach wie vor stand der

König als Souverän außerhalb des Rechts, das sich durch seine Autorität legitimierte. Doch regierte er neuerdings wie ein Ingenieur von Macht und Wohlstand der Staatsmaschine. So verstand er sich als der ,natürliche Vormund' seiner Untertanen sowie als der ,erste Diener' seines Volkes. Diese Staatsauffassung, die 1786 mit dem Tod Friedrichs des Großen ihr überzeugendstes Argument verlor, fand sich durch staatsrechtliche Ideen in Frage gestellt, wie sie sich seinerzeit in Frankreich entwickkelten und in deren Namen dort seit 1789 die politischen Verhältnisse auf revolutionäre Weise umgestaltet wurden.

Die eigene politische Bildung Humboldts war sehr komplex, jedenfalls historisch sehr weit gespannt und für neue Anregungen stets offen. Sie kann durch die Namen seiner Lehrer, in diesem Bereich vor allem Klein und Dohm, die Kontakte zur Berliner Aufklärung, zu Berliner Regierungskreisen und zu politischen Denkern außerhalb Berlins, wie Dalberg, Gentz, Forster und vielen anderen, nur unzureichend angedeutet werden.

Ein einzelnes Datum der preußischen Geschichte sollte jedoch besonders erwähnt werden, da es für den persönlichen Bildungsgang des künftigen Staatsmannes von besonderer Bedeutung war: Das Religionsedikt des Ministers Wöllner vom Juli 1788, das ,Irrlehren' durch Geistliche und Lehrer verbat. Hier sollte religiöser Dogmatismus im Namen des Staates durch einen Dogmatismus der ,aufgeklärten' Vernunft bekämpft werden. Dem Edikt war eine langjährige Debatte über die ,raisonnierende Öffentlichkeit' vorausgegangen, in der neben vielen anderen führenden Geistern der Zeit auch Kant mit seinem berühmten Beitrag in der *Berlinischen Monatsschrift* vom Dezember 1784 unter dem Titel *Beantwortung der Frage: Was ist Aufklärung?* Stellung genommen hatte. Humboldt jedenfalls legte allen Personen, denen er auf der Bildungsreise vom Herbst 1788 seine Aufwartung machte, die Frage vor, wie sie es mit dem Edikt hielten. An der Problematik dieser Debatte entzündete sich sein politisches Denken, von ihr sind auch seine Reaktionen auf die revolutionären Entwicklungen in Frankreich bestimmt.

Humboldt fragt nach dem Zweck des Staates. Das ist eine

neuartige Fragestellung. Die moderne Staatstheorie von Hobbes bis Rousseau fragte nach dem *Ursprung* des Staates in der Absicht, ihn von seiner Entstehung her zu legitimieren bzw. zu kritisieren. Humboldt ersetzt damit die genetische durch eine funktionale Betrachtungsweise. Nach ihm kann der Staat nur von seinem Zweck her definiert werden. Zweck des absolutistischen Staates aber sind Macht und Reichtum eines Einzelnen, des Fürsten. Das Mittel zu diesem Zweck ist der Wohlstand der Nation. Dieses „untergeordnete Mittel" wurde nun, schreibt Humboldt, durch „gutmüthige Menschen, vorzüglich Schriftsteller" zum eigentlichen Zweck des Staates erhoben. Daraus aber entstand „das Princip, dass die Regierung für das Glük und das Wohl, das physische und moralische, der Nation sorgen muss. Gerade der ärgste und drükkendste Despotismus" (GS I 83).

Diesem Begriff vom eigentlichen Zweck des Staates setzt Humboldt die Behauptung entgegen, daß der Staat einen eigenen Zweck gar nicht habe und auch nicht haben könne, da Zwecksetzungen nur von wirklichen Individuen ausgingen. Träger der rechtmäßigen Gewalt sei der Staat allein insofern, als er die Aufgabe übernehme, die Handlungsfreiheit seiner Bürger zu sichern, ihre freie Zwecktätigkeit zu ermöglichen. Er dürfe also nur solche Maßnahmen treffen, die zur Erfüllung dieser Aufgabe *notwendig*, nicht solche, die zur Erreichung irgendwelcher bestimmter Zwecke *nützlich* erscheinen. Denn das Nützliche könne nicht allgemein sein. Was nützlich sei, bleibe relativ: nützlich wofür? für wen? Alle bestimmten Zwecke aber seien partikulär. – Was bedeutet nun ein solches Verständnis vom ‚Zweck' des Staates für die Verfassung? Diese Frage ist das Thema der Entwürfe Humboldts aus den Jahren 1791 und 1792.

b) ‚Ideen über Staatsverfassung'

In einem Brief vom August 1791 an den Freund Gentz skizziert Humboldt seine *Ideen über Staatsverfassung, durch die neue französische Constitution veranlasst* (*Constitution*, GS I 77–85), die dann im Januar 1792 nicht ohne sein Wissen, jedoch anonym in der *Berlinischen Monatsschrift* veröffentlicht werden.

Ausgangspunkt der Argumentation ist die Feststellung, daß die konstituierende Nationalversammlung es unternommen habe, „ein völlig neues Staatsgebäude, nach blossen Grundsäzen der Vernunft, aufzuführen" (78). Die Behauptung, die der Autor im folgenden zu erläutern versucht, lautet in ihrer negativen Version: „Nun aber kann keine Staatsverfassung gelingen, welche die Vernunft . . . nach einem angelegten Plane gleichsam von vornher gründet" (ebd.). Dieser Gedanke ist auch das Hauptargument der ersten großen und umfassenden Kritik an den französischen Ereignissen, den *Reflections on the Revolution in France* von Edmund Burke, die im November 1790 erschienen sind. Gentz, der Adressat des Humboldtschen Schreibens, wird sie ins Deutsche übersetzen und 1793, mit einem durchaus zustimmenden Kommentar versehen, herausgeben.

Humboldt ergänzt diese Kritik durch die positive Version seiner These, die besagt, nur eine solche Staatsverfassung könne „gedeihen, welche aus dem Kampfe des mächtigeren Zufalls mit der entgegenstrebenden Vernunft hervorgeht" (ebd.). Dieser Gedanke erscheint ihm so „evident", daß er seine Geltung nicht nur für Staatsverfassungen, sondern allgemein für „jedes praktische Unternehmen" beansprucht (ebd.). Klärungsbedürftig ist hier allerdings der Begriff des ‚Zufalls‘, der als Gegenbegriff zu dem der ‚Vernunft‘ gebraucht wird.

Die Begründung der These ist weitläufig. Sie beginnt mit folgendem, für Humboldt sehr charakteristischen Grundsatz, der die Erkennbarkeit wirklichen Geschehens betrifft: „Alles unser Wissen und Erkennen beruht auf allgemeinen, d. i. wenn wir von Gegenständen der Erfahrung reden, unvollständigen und halbwahren Ideen, von dem Individuellen vermögen wir nur wenig aufzufassen, und doch kommt hier alles auf individuelle Kräfte, individuelles Wirken, Leiden und Geniessen an" (79). Das Wirkliche ist individuell, unendlich komplex und nicht berechenbar. Unser rechnendes Denken aber ist allgemein und endlich, es kennt die jeweils wirklichen, die eigentlich wirkenden Kräfte nicht. Daraus folgt für Humboldt, daß die Vernunft in der Natur nichts hervorbringen kann, und die Geschichte wird hier wie ein natürlicher Prozeß verstanden.

Zwei Fragen schließen sich an: Wodurch wird in der Natur etwas hervorgebracht? Und kann die Vernunft denn gar nichts ausrichten? Durch die Antwort auf diese Fragen wird die Ausgangsthese erläutert: „Ganz anders ist es, wenn der Zufall wirkt, und die Vernunft ihn nur zu lenken strebt. Aus der ganzen, individuellen Beschaffenheit der Gegenwart – denn diese von uns unerkannten Kräfte heissen uns doch nur Zufall – geht dann die Folge hervor" (79). Die Entwürfe der Vernunft können nur „Dauer gewinnen" und „Nuzen stiften", wenn sie an historische Gegebenheiten anzuknüpfen und diese behutsam zu kultivieren versuchen. Andernfalls, wenn es auch gelingen sollte, sie durchzusetzen, bleiben sie „ewig unfruchtbar" – eine Einsicht, die sich auch in unserem Jahrhundert wieder in der Erfahrung mit wohlgemeinten Versuchen bestätigt, die Staatsform westlicher Demokratien in fremde Kulturen zu verpflanzen.

,Zufall' steht hier also für die Kraft, aus der alles Wirkliche hervorgeht, insofern dieses nicht nach allgemeinen Begriffen, d.h. durch ,Vernunft', aus dem Vorhergehenden ableitbar ist. Diese Kraft ist nicht als ruhende Potenz verstanden, sondern als aktuelle, individuelle Tätigkeit. Und unberechenbar ist sie nicht nur, weil wir ,von dem Individuellen nur wenig aufzufassen vermögen', wie Humboldt sich hier vorsichtig ausdrückt, sondern mehr noch, weil sie, um wirken zu können, einer entsprechenden Gegenwirkung bedarf. Die Umstände aber, aus denen sich jede wirkliche Gegenwirkung zusammensetzt, sind ebenfalls individueller Art und unendlich komplex.

Diesen Kerngedanken einer Metaphysik der Natur, die auch der hier skizzierten politischen Theorie, wenngleich noch unentwickelt, zugrunde liegt, faßt Humboldt in einer kaum je wieder erreichten Dichte in folgende, zu Recht berühmt gewordene Worte: „Auch fordert jede Wirkung eine gleich starke Gegenwirkung, jedes Zeugen ein gleich thätiges Empfangen. Die Gegenwart muss daher schon auf die Zukunft vorbereitet sein. Darum wirkt der Zufall so mächtig. Die Gegenwart reisst da die Zukunft an sich. Wo diese ihr noch fremd ist, da ist alles todt und kalt. So, wo Absicht hervorbringen will. Die Vernunft hat wohl Fähigkeit, vorhandnen Stoff zu bilden, aber nicht Kraft, neuen zu erzeugen. Diese Kraft ruht allein im Wesen der Dinge, diese wirken, die wahrhaft weise Vernunft reizt sie nur zur Thätigkeit, und sucht sie zu lenken. Hierbei bleibt sie bescheiden stehen. Staatsverfassungen lassen sich nicht auf Menschen, wie Schösslinge auf Bäume pfropfen. Wo Zeit und Natur nicht vorgearbeitet haben, da ists, als bindet man Blüthen mit Fäden an. Die erste Mittagssonne versengt sie" (80).

Alle Kraft wirkt einseitig. Die Tätigkeit der Vernunft strebt dieser für sie zufälligen Einseitigkeit entgegen, versucht, die verschiedenen Kräfte auszugleichen, in ein rechtes Verhältnis zu setzen, d.h. sie nach ihren Ideen zu formen und zu bilden. So aber erweist sich, daß „Kraft und Bildung ewig in umgekehrtem Verhältniss" stehen (80). Die Vernunft ordnet, formt und bildet das jeweils gegebene und als solches ‚zufällige' Spiel der wirklichen Kräfte.

Es waren, wie man in Frankreich beobachten konnte, eine ungeheure revolutionäre Kraft, d.h. aber auch ein ebenso großer Mangel an politischer Vernunft, erforderlich und tatsächlich am Werk, als der Versuch unternommen wurde, alle ‚zufällig' gewachsenen politischen Institutionen im Namen einer demgegenüber als natürlich angesehenen Vernunft zu zerstören. Das Ergebnis der Ereignisse war ein neuer Zustand, ein neues Maß an Bildung der gegenwärtig vorhandenen Kräfte, nur eben nicht, ‚natürlich' nicht, der ‚vernünftige' Zustand.

Dieses Ergebnis konnte Humboldt 1791 so klar noch nicht sehen. Was er einsah, war dies: Alle Energie wirkt einseitig, nicht gleichmäßig nach allen Seiten, nicht vernunftgemäß. Sie wird von außen provoziert und provoziert selbst entsprechende Gegenkräfte. Ohne eine solche schöpferische wie eben dadurch diskriminierende Energie aber „wird der Mensch Maschine" (81). Nur Maschinen werden von der rechnenden Vernunft konstruiert. In der Natur hingegen kann die Vernunft niemals schöpferisch wirken. Ihre Weisheit liegt darin, daß sie dem, was gegeben ist, durch Lenkung, d.h. Förderung oder Entgegenwirken, eine ihr gemäße „andre Modifikation" (81, vgl. pass.) erteilt, das Gegebene jeweils zum Besseren hin zu wenden versucht – immer wieder von neuem. Denn die Kräfte verharren nicht untätig.

Abschließend folgt ein brilliantes Aperçu der „Geschichte der Staatsverfassungen", durch welches die zuvor entwickelten allgemeinen Gedanken historisch illustriert werden (81–84). Hier findet sich die oben zitierte Charakterisierung des Fürsorge-Despotismus, der unvermeidlich in sein revolutionäres Gegenteil umschlägt, in „das System der Vernunft, das Ideal der Staatsverfassung" (83). Die kühne Anamnese schließt mit einer skeptischen Prognose: „Ob diese Staatsverfassung Fortgang haben wird? Der Analogie der Geschichte nach, Nein! Aber sie wird die Ideen aufs neue aufklären, aufs neue jede thätige Tugend anfachen, und so ihren Segen weit über Frankreichs Gränzen verbreiten" (84).

Das anthropologische Ergebnis dieser historischen Fallstudie ist jedoch keineswegs resignativ. Es ist ein radikales Bekenntnis zur Endlichkeit und Bedingtheit aller menschlichen Zwecke – und wir kennen keine anderen. Humboldt folgert aus dem zuvor Entwickelten, „dass kein einzelner Zustand der Menschen und Dinge Aufmerksamkeit verdient an sich, sondern nur in Zusammenhang mit dem vorhergehenden und folgenden Dasein; dass die Resultate an sich nichts sind, alles nur die Kräfte, die sie hervorbringen, und die aus ihnen entspringen" (85). – Diese Einsicht wird er nie wieder preisgeben.

c) Das ‚Grüne Buch‘

Während weniger Wochen im Sommer 1792 entsteht auf dem Gut Burg-Oerner das schon erwähnte *Grüne Buch*, die *Ideen zu einem Versuch, die Gränzen der Wirksamkeit des Staats zu bestimmen* (*Gränzen*, GS I 97–245). Es enthält eine auf der Grundlage der in der *Constitution* skizzierten Ansichten über die Möglichkeiten geschichtlichen Handelns vollständig ausgeführte Staatstheorie. Nur einzelne Kapitel daraus werden noch im gleichen Jahr in Schillers *Neuer Thalia* bzw. in der *Berlini-*

schen Monatsschrift veröffentlicht. Kritische Reaktionen und Schwierigkeiten mit der Zensur lassen den Autor vorsichtig werden. Humboldt hat nicht die Absicht, seine politische Existenz durch Mißverständnisse, denen das geschriebene Wort stets auf unkontrollierbare Weise ausgesetzt ist, zu kompromittieren.

Wenn der Zweck des Staates im Menschen liegt, dann muß die Theorie des Staates sich an der Theorie des Menschen orientieren. Genau das ist es, was Humboldt in den *Gränzen* durchzuführen unternimmt. – Was aber ist der Zweck des Menschen?

Bekannt ist die Definition, die den Hauptteil der Schrift eröffnet: „Der wahre Zwek des Menschen ... ist die höchste und proportionirlichste Bildung seiner Kräfte zu einem Ganzen" (106). In der Einleitung liest man etwas anderes: „Nach Einem Ziele streben, und diess Ziel mit Aufwand physischer und moralischer Kraft erringen, darauf beruht das Glük des rüstigen, kraftvollen Menschen" (100). Erst beide Formulierungen zusammengenommen lassen die Intention deutlich werden. Die zuletzt genannte zielt auf den einzelnen Menschen und wiederholt den Grundsatz, daß unser Glück in der Tätigkeit, nicht im Besitz liegt, in den Kräften, nicht in deren Wirkungen. Die zuerst genannte zielt dagegen auf die allgemeine Idee des Menschen, nicht auf wirkliche Individuen in der Zeit. Ein soeben übergangener Einschub macht das deutlich: „Der wahre Zweck des Menschen – nicht der, welchen die wechselnde Neigung, sondern welchen die ewig unveränderliche Vernunft ihm vorschreibt ...". Hier ist eine Unterscheidung vorweggenommmen, die Humboldt am Ende der Schrift zwischen dem natürlichen und dem wirklichen Menschen trifft (244), um durch jenen die Natur des Menschen, die in allen gleich und allein durch die Vernunft bestimmt ist, zu bezeichnen. Kein einzelner Mensch kann diesen Begriff seiner Natur vollkommen erfüllen; und zwar nicht wegen seiner zufälligen Schwäche, sondern *weil er wirklich ist,* d. h. solange Kräfte in ihm lebendig sind, die naturgemäß einseitig wirken. Denn alle ‚Wirklichkeit' (Kontingenz) beruht, nach der (vielleicht nicht sehr glücklichen, später auch nicht mehr verwendeten) Terminologie der *Constitution,* auf

‚Zufall‘. So besagt die Definition des ‚wahren Zwecks des Menschen‘, daß der Vernunft die Aufgabe zukommt, das Gegebene, d.h. die lebendigen Kräfte, über deren Dasein sie keine Macht hat, die sie weder erzeugen noch vernichten kann, ‚proportionierlich zu einem Ganzen zu bilden‘.

Doch wie kann eine solche ‚Bildung‘ gedeihen? Humboldts Antwort hat zwei Seiten: „Ausser der Freiheit erfordert die Entwikkelung der menschlichen Kräfte noch etwas andres, obgleich mit der Freiheit eng verbundenes, Mannigfaltigkeit der Situationen" (106). Bildung muß die natürliche Einseitigkeit einer jeden Kraft mit der anderer Kräfte vermitteln, ohne sie dadurch zu schwächen. Das gilt sowohl für verschiedene Kräfte desselben Individuums als auch und vor allem für Kräfte verschiedener Individuen. „Der bildende Nuzen solcher Verbindungen beruht immer auf dem Grade, in welchem sich die Selbstständigkeit der Verbundenen zugleich mit der Innigkeit der Verbindung erhält" (107). Kein Einzelner kann sinnvoll danach trachten, das Ideal des Menschen für sich allein zu verwirklichen, vielmehr wird dieses Ideal allein in der Totalität der menschlichen Individuen, im Begriff der Menschheit *gedacht*. Worauf es für den Einzelnen ankommt, das ist die „Eigenthümlichkeit der Kraft und der Bildung", welche „durch Freiheit des Handelns und Mannigfaltigkeit der Handelnden" ebenso „gewirkt" wird, wie sie selbst wiederum beides hervorbringt (107).

Vor diesem Hintergrund beantwortet sich die staatstheoretische Streitfrage der Zeit, ob die Regierung das Glück ihrer Bürger befördern oder nur Übel von ihnen abwenden solle, ob sie nur negativ für die Sicherheit der Einzelnen oder auch positiv für den Wohlstand aller und des Ganzen zu sorgen habe, fast von selbst. Sicherheit ist notwendig, damit zweckvolles Handeln überhaupt als möglich erscheine. Staatliche Wohlfahrt hingegen reduziert die Mannigfaltigkeit der Situationen (durch zentrale Planung) und schwächt die wirklichen Kräfte, die sich am Widerstand üben und stärken. Das klingt nach dem bekannten Grundsatz des politischen Liberalismus. Der Liberalismus aber versteht sich als eine ökonomische Theorie, die das gleiche Ziel verfolgt wie die von ihm bekämpfte Theorie des Merkantilismus: die Prosperität des Ganzen, die der Merkantilismus eher durch staatliche Planung, der Liberalismus eher durch das freie Spiel individueller Kräfte glaubt erreichen zu können. Entscheidend bei Humboldt aber ist etwas anderes: der Gedanke nämlich, daß das Glück nicht im Besitz einer Sache liegt, sondern im – erfolgreichen – Ringen um sie. Deshalb kann es auch kein positives Endziel geben, dessen Erreichung oder Gewährung das Glück (aller oder weniger) sicherte. Glück kann überhaupt nicht endgültig erreicht oder gewährt werden. Denn man kann gar nicht allgemein sagen, worin es besteht. Nur negativ kann man sagen, daß es jedenfalls nicht in der Prosperität des Ganzen, natürlich auch nicht in der von Einzelnen liegt.

Historiker einer späteren nationalistischen Denkungsart haben hier dennoch eine extrem liberalistische Position gesehen; man sprach vom ‚Nachtwächterstaat'. Aber Humboldt ist nicht blind für die Notwendigkeit positiver Institutionen. Nur will er sie lieber als „Nationalanstalten", nicht als „Staatseinrichtungen" organisiert wissen (vgl. 131, 236). Denn die Aufgabe des Staates ist Herrschaft. Allein der Staat ist im rechtmäßigen Besitz der unmittelbaren Gewalt, nur er darf und muß Zwang ausüben. Zwang jedoch und Glück (verstanden als Selbsttätigkeit) sind unvereinbar.

Man kann Humboldts Staatsauffassung aber auch aus anderen Gründen kritisieren. Die scharfe Trennung von Staat als *societas cum imperio* und Nation oder Gesellschaft als *societas civilis* mag methodisch sinnvoll sein, ist aber vielleicht nicht realistisch. Denn jede societas civilis kann, etwa als Interessenverband, realiter eine Macht darstellen, auch wenn formaliter alle Gewalt vom Staat ausgeht. Die Theorie ließe sich wohl auch noch gegen diesen Einwand verteidigen, dadurch nämlich, daß man die Sicherheitsaufgaben des Staates materiell interpretiert. Doch für Humboldt geht es in den *Gränzen,* wie er mehrfach betont, nicht um den wirklichen oder gar einen bestimmten Staat, sondern um die Vernunftidee des Staates. Und die Vernunft ist keine Kraft, sie wirkt nur negativ oder indirekt und zeigt gerade darin ihre Macht – als Richtmaß für die Lenkung der wirklichen Kräfte.

Um diese Intention zu verstehen, muß man die *Gränzen* von hinten, vom letzten Kapitel her lesen. Dort geht Humboldt von dem „natürlichen" Wunsch des Menschen aus, „dasjenige, was die Theorie als richtig bewährt, auch in der Wirklichkeit ausgeführt zu sehen" (236). Doch wie schon gesagt, hält er diese Umsetzung, insofern sie unmittelbar intendiert ist, für problematisch. Denn alles Neue muß an Bestehendes anknüpfen, um Wurzeln schlagen zu können. Diese Einsicht aber würde einen, der an seiner Zeit leidet und die Verhältnisse in seinem Sinn zu verändern trachtet, zur Verzweiflung treiben. Denn wenn das Bestehende nicht ist, wie es sein soll, wie wird dann das, was stattdessen sein soll, ‚natürlich' aus ihm erwachsen können?

Hier bringt Humboldt auf eine höchst interessante Weise die Zeit ins Spiel. In der Wirklichkeit gibt es, strenggenommen, keine Zustände, nichts Bestehendes, sondern nur Kräfte und ihre Wirkungen, „und jeder äussré Zustand, wenn man ihn nur ungestört fortwirken lässt, arbeitet, statt sich zu befestigen, an seinem Untergange" (239). Diese Einsicht muß sich die Vernunft zunutze machen, wenn sie begriffen hat, daß sie einerseits unfähig ist, unmittelbar zu wirken, weil sie keine Kraft ist, andererseits aber auf eine vernunftgemäße Gestaltung der Wirklichkeit nicht verzichten will. „Ohne nun aber die gegenwärtige Gestalt der Dinge anzutasten", so folgert Humboldt weiter, „ist es möglich, auf den Geist und den Charakter der Menschen zu wirken, möglich, diesem eine Richtung zu geben, welche jener Gestalt nicht mehr angemessen ist; und gerade das ist es, was der Weise zu thun versuchen wird" (239).

Diese Reflexionen über die Aufgaben des Staates führen Humboldt schließlich zu einer Einsicht in die Dialektik von ‚Freiheit' und ‚Fessel', die für sein Bild vom Menschen zeitlebens bestimmend bleibt. Während „die Theorie immer nur Freiheit verlangt", zeigt „die Wirklichkeit, insofern sie von ihr abweicht, immer nur Zwang" (242). Der Zwang reizt zum Widerstand, die Freiheit von diesem Zwang wird erkämpft, gewährt; sie wird zu einem Rechtsgut. Die Zeit aber verkehrt jede positive Freiheit zu einer Fessel. Diese Fessel reizt von neuem Kräfte, die nach Freiheit streben. Das Vernunftideal der vollkommenen Freiheit ist also unerreichbar. Wirkliche, d.h. unvollkommene Freiheit aber ist jederzeit ein kostbares Gut. Sie darf nur gewährt werden, wenn sie wirklich begehrt wird und insofern sie nicht der Notwendigkeit, d.h. der Sicherung der Existenz und der schon bestehenden Freiheiten, widerstreitet.

Diese Dialektik begründet abschließend noch einmal den Grundsatz aller Gesetzgebung, den Humboldt hier entwickelt und vertritt. Gesetze dürfen nur nach Maßgabe der Notwendigkeit, die jedermann einsieht, nicht nach Maßgabe der Nützlichkeit, die stets umstritten bleibt, erlassen werden. Nur diese Maxime ist „mit der Ehrfurcht für die Individualität selbstthätiger Wesen, und der, aus dieser Ehrfurcht entspringenden Sorgfalt für die Freiheit" vereinbar (245). Das ist kein humanitäres Wunschdenken, sondern logisch zwingend: wenn denn Gesetzgebung überhaupt allgemein gerechtfertigt werden soll. Andernfalls brauchte man keine (allgemein gerechtfertigten) Gesetze, sondern allenfalls zweckmäßige Regularien des Machtgebrauchs, die zwangsläufig in den Konflikt widerstreitender Interessen geraten. Die ganze Abhandlung steht daher zu Recht unter dem Motto einer Mahnung von Mirabeau: „... se mettre en garde contre la fureur de gouverner ...".

Diese durchaus konsequent und überzeugend entwickelte idealistische Staatstheorie dürfte bei heutigen Lesern ein gewisses Unbehagen hervorrufen. Um dieses Unbehagen nicht nur von außen, sondern im Rahmen der Theorie selbst zur Sprache zu bringen, könnte man die Frage stellen, ob wir als endliche Individuen, die wir sind, überhaupt die Fähigkeit besitzen, Gesetze allgemein zu rechtfertigen; oder ob nicht die Notwendigkeit, auf die wir uns allenfalls berufen, letztlich doch wieder durch bestimmte Nützlichkeitserwägungen bedingt ist; derart, daß alle menschlichen Gesetze vielleicht gar nichts anderes sein könnten als zweckmäßige Regularien des Machtgebrauchs.

Angesichts solcher Zweifel an der Möglichkeit einer allgemeinen Rechtfertigung von Gesetzen gewinnen die Argumente Humboldts noch stärkeres Gewicht, durch welche er die Politiker auffordert, sich in der Gesetzgebung nicht so zu verhalten wie ein Ingenieur, der Maschinen konstruiert, sondern vielleicht eher wie ein Gärtner, der seine Pflanzen kultiviert.

2. ‚Ehrfurcht für die Individualität (und) Sorgfalt für die Freiheit' – Humboldts politische Praxis

Niemand bestreitet, daß zwischen den politischen Ideen und der politischen Praxis Humboldts ein enger Zusammenhang besteht. Die Art dieses Zusammenhangs ist jedoch umstritten. Bis in die Gegenwart hinein (vgl. Schulze, Nr. 43) wird die alte These vertreten, daß die Tätigkeit des Staatsmannes den Lehren des Staatstheoretikers widerspreche und daß die *Gränzen* als ein wortreicher Rechtfertigungsversuch für die (glücklicherweise nur vorläufige) Flucht ihres Autors vor dem aktiven Dienst für Staat und Vaterland zu verstehen seien. Gegen diese These, durch welche man die radikale Position der *Gränzen* psychologisch zu neutralisieren versucht, soll hier an drei Beispielen – die Reihe ließe sich vermehren – gezeigt werden, daß man Humboldts politischer Praxis wohl eher gerecht wird, wenn man sie als den Versuch einer konsequenten Anwendung seiner in der Muße des Privatlebens entwickelten politischen Ideen zu verstehen versucht.

a) Die Frage der Juden-Emanzipation

Als erstes Beispiel soll ein amtliches Schriftstück aus dem Jahr 1809 herangezogen werden, das den Titel trägt *Über den Entwurf zu einer neuen Konstitution für die Juden* (GS X 97–115).

Ein paar Bemerkungen zur Vorgeschichte (Näheres bei Gembruch, Nr. 42): Grundlage des geltenden Rechts ist das General-Juden-Reglement Friedrichs des Großen von 1750. Es regelt die strenge polizeiliche Aufsicht sowie die sehr begrenzten wirtschaftlichen Betätigungsmöglichkeiten der Juden, sieht Sippenhaft und Sondersteuer vor und statuiert die Minderwertigkeit des jüdischen Eides. Das alles ist nichts Ungewöhnliches für die Mitte des 18. Jahrhunderts: juristisch gesehen gibt es noch keine Menschenrechte. – Seither aber haben sich die Berliner Salons zu einem ersten Forum für Kontakte jüdischer und christlicher Kultur entwickelt. Aristokraten, Kaufleute, Gelehrte, Künstler praktizieren gesellschaftliche Emanzipation in einem kleinen, aber tonangebenden Kreis. – In dieser Situation löst Christian Wilhelm von Dohm, bald auch einer der Lehrer der Brüder Humboldt, mit seiner Schrift *Über die bürgerliche Verfassung der Juden* von 1781 eine breite öffentliche Debatte zur Frage der Gleichberechtigung aus. 1789 beruft König Friedrich Wilhelm II. eine Kommission zur Prüfung der Lage der Juden; doch sind Reformen vor dem Zusammenbruch Preußens nicht mehr durchsetzbar. – Erst im Jahr 1808 entsteht im Amt des Provinzialministers für Ostpreußen von Schrötter ein Gesetzentwurf zu einer neuen Verfassung für die Juden. Dieser Entwurf fordert eine *schrittweise Emanzipation,* um „die Juden mit der Zeit zu nützlichen Staatsbürgern zu machen". Unüberhörbar spricht sich in dieser Formulierung der Geist des aufgeklärt-absolutistischen Obrigkeitsstaates aus. Der Innenminister Graf Dohna, Nachfolger Schrötters und Vorgesetzter Humboldts, legt diesen Entwurf, wie das üblich ist, verschiedenen Behörden zur Begutachtung vor. Das genannte Schriftstück enthält die amtliche Stellungnahme des Sektionschefs Humboldt.

Der Text beginnt mit einer Analyse der „gegenwärtigen Lage der Juden unter uns", die er aus einer Kombination von drei Merkmalen erklärt: ihrer Geschichte als der eines wandernden Volkes, ihrer kirchlich politischen Verfassung und ihrer durch strenge Sitten aufrechterhaltenen Absonderung von denjenigen, in deren Mitte sie leben. „Die Mittel zur Umwandlung dieser Lage", so fährt der Verfasser fort, wären entsprechend diesen Gegebenheiten „Verschmelzung, Zertrümmerung ihrer kirchlichen Form und Ansiedlung". Doch nichts davon ist allein durch administrative Maßnahmen zu erreichen. Was also kann der Gesetzgeber tun? – Wenn der Staat die faktische Absonderung schon nicht aufheben kann, so braucht er sie doch nicht gesetzlich zu sanktionieren, er sollte sie ignorieren. Rechtliche Gleichstellung ist das Gebot der Vernunft!

Zur Frage der rechtlichen Gleichstellung aber gibt es offenbar zwei konkurrierende Auffassungen: Der Regierungsentwurf sieht eine schrittweise Gleichstellung vor, Humboldt fordert sie „auf Einmal". Denn es sei „rein logisch" unbestreitbar, daß „nur eine plötzliche Gleichstellung aller Rechte gerecht, politisch und consequent ist". Warum?

Gerecht sei sie, weil sich „kein möglicher Rechtsgrund denken (läßt), warum der Jude, der alle Pflichten des Christen erfüllen will, nicht auch der Rechte theilhaftig sein soll".

Politisch geboten sei sie, weil nur so „die inhumane und vorurtheilsvolle Denkungsart", die dem geltenden Recht zugrunde liegt, aufgehoben werden könne. Es gehe nicht darum, daß der Staat „die Juden zu achten" lehre. Es gehe überhaupt nicht um eine bessere oder schlechtere amtliche Meinung über den jüdischen Nationalcharakter. Vielmehr gehe es darum, daß der Staat sich weigern sollte, „einen Menschen... gegen allen wahren Begriff von Menschenwürde, nicht wie ein Individuum, sondern wie zu einer Race gehörig und gewisse Eigenschaften gleichsam nothwendig mit ihr theilend" anzusehen. „Dies aber kann der Staat nur, indem er laut und deutlich erklärt, dass er keinen Unterschied zwischen Juden und Christen mehr anerkennt". Es geht um die Verweigerung der staatlichen Anerkennung von Unterschieden, nicht um ihre Leugnung oder Beseitigung.

Aber auch *konsequent* sei allein die sofortige und vollständige Gleichstellung. Denn „eine allmählige Aufhebung bestätigt die Absonderung, die sie vernichten will, in allen nicht mit aufgehobenen Punkten, verdoppelt, gerade durch die neue grössere Freiheit, die Aufmerksamkeit auf die doch noch bestehende Beschränkung und arbeitet dadurch sich selbst entgegen"; eine Beobachtung, die die Erfahrung im Hinblick auf alle Emanzipationsbewegungen zu bestätigen scheint.

Neben Humboldt hat nur Scharnhorst gegen den Entwurf des Innenministers und für eine sofortige uneingeschränkte Emanzipation der Juden plädiert: Sein Allgemeines Kriegsdepartement sah hier wohl eine Möglichkeit zur Rekrutierung neuer Soldaten. Denn als Bürger zweiter Klasse, die man mit systematischem Mißtrauen behandelte, waren die Juden bislang nicht wehrpflichtig – oder ‚wehrwürdig‘, wie man sagte.

Im März 1812, lange nach Humboldts Ausscheiden aus dem Amt, wurde das Gesetzgebungsverfahren abgeschlossen. Das neue ‚Edikt betreffend die bürgerlichen Verhältnisse der Juden in dem Preußischen Staate‘ gewährte den Juden die Gleichstellung auf privatrechtlichem und wirtschaftlichem Gebiet. Fortan unterlagen sie auch der Wehrpflicht. Im Bereich des öffentlichen Dienstes allerdings erhielten sie nur zu Lehr- und Gemeindeämtern Zugang, während ihnen Justiz, Verwaltung und das Offizierkorps verschlossen blieben. Gegen diese ‚Herabwürdigung des Lehramtes‘, die aus der Sektion der allgemeinen Polizei in den Gesetzentwurf gekommen war, hatte sich der Sektionschef des öffentlichen Unterrichts ‚auf das feierlichste verwahrt‘ – vergeblich (vgl. 108).

Humboldt faßt die neue „Theorie der Gesetzgebung“, aus der heraus er sein politisches Denken und Handeln begründet, in den Grundsatz, daß „der Staat kein Erziehungs- sondern ein Rechtsinstitut ist“ (100). Aus historischer Distanz aber kann man die Frage stellen, ob er dem Staat mit seinen Forderungen nicht größere Erziehungsaufgaben zugemutet hat, als dieser selbst sich je zu leisten anmaßte. In einer abschließenden Bemerkung seines Kommentars geht Humboldt so weit zu erwägen, ob nicht die Beibehaltung des gegenwärtigen Zustands, mit dem man zu leben gelernt hat und den man „als ein Überbleibsel alter Barbarei und ehemaliger Vorurtheile“ ansehen und ertragen kann (gemeint ist das Gesetz des aufgeklärten Monarchen von 1750!), einer „nicht ganz weisen neuen Gesetzgebung“ vorzuziehen sei (115 f.). Seine kompromißlose Ablehnung jeder rechtlichen Verankerung von Vorurteilen in neuen Gesetzen, und seien sie auch weniger unvernünftig als die alten, hat den Geist der Zeit überfordert. Staat und Gesellschaft, Recht und Sitte lassen sich so scharf wohl in der Tat nicht trennen.

b) Die deutsche Verfassungsfrage

Das zweite Beispiel ist aus der Zeit Humboldts als preußischer Gesandter gewählt: die *Denkschrift über die deutsche Verfassung an den Freiherrn vom Stein* von 1813 (GS XI 95–112).

Genau zu diesem Zeitpunkt stellt sich aktuell das Problem einer staatlichen Neuordnung Deutschlands. Der Stern Napoleons ist gesunken. Nach der Völkerschlacht bei Leipzig im Oktober 1813 hat sich der Rheinbund aufgelöst. Humboldt hält sich seit Anfang November in Frankfurt am Main auf, um über den Beitritt verschiedener Rheinbundstaaten zur Allianz zu verhandeln.

Der Ausgangspunkt seiner Überlegungen ist der folgende: Eine Restauration des Alten Reichs ist unmöglich, denn es ist an seiner eigenen inneren Schwäche zugrunde gegangen. Die Errichtung eines nationalen Einheitsstaats aber ist aussichtslos, weil die europäischen Großmächte kein Interesse an einer starken mitteleuropäischen Macht haben. Realistisch kann man die Neuorganisation Deutschlands nur unter der Alternative erörtern: Bundesstaat oder Staatenbund?

Humboldts Lösungsweg zur Beantwortung dieser Frage stützt sich einerseits auf Prinzipien, die notwendig, aber nur hypothetisch gelten, andererseits auf historische Fakten.

1. Prinzip: Politik darf sich „nicht vermessen, der natürlichen Beschaffenheit der Dinge entgegen zu handeln" (98).

1. Faktum: „Nun aber wird Deutschland ... immer, im Gefühle seiner Bewohner, und vor den Augen der Fremden, Eine Nation, Ein Volk, Ein Staat bleiben" (98). Wie der Kontext deutlich macht, ist diese Formulierung nicht überzeitlich zu verstehen. Sie besagt vielmehr, daß das Nationalgefühl ein Faktum ist, das für die gegenwärtige Politik nicht zur Disposition steht. Gleichwohl ist es, eben als kontingentes Faktum, einmal entstanden, und Humboldt weiß sehr wohl, daß es wieder vergehen könnte (vgl. 97).

2. Prinzip: „Es giebt nur zwei Bindungsmittel für ein politisches Ganzes: eine wirkliche Verfassung, oder einen blossen Verein" (98). Wer die Einheit will, wird eine Verfassung vorzie-

hen, denn sie ist „feierlicher, bindender, dauernder" (99). Doch
dabei ist ein

3. Prinzip zu beachten: „Jede Verfassung ... muss einen ma-
teriellen Keim ihrer Lebenskraft in der Zeit, den Umständen,
dem Nationalcharakter vorfinden, der nur der Entwicklung bedarf. Sie rein nach Principien der Vernunft und Erfahrung gründen zu wollen, ist im hohen Grade mislich" (99) – eine Ansicht,
die der junge Staatstheoretiker schon in der *Constitution* von
1791 entwickelt hatte. – Im Licht dieses Prinzips läßt sich die
Frage, ob Deutschland eine wahre Verfassung erhalten solle,
nach Humboldt folgendermaßen präzisieren: „Sprechen zu der
Zeit, wo die Frage entschieden werden muss, Haupt und Glieder aus, dass sie Haupt und Glieder sein wollen, so folge man
der Anzeige, und *leite nur, und beschränke* (H. v. V.). Ist das
aber nicht, verlautet nichts, als das kalte Verstandesurtheil, dass
ein Band für das Ganze da seyn muss; so bleibe man bescheiden
beim Geringeren stehn, und bilde bloss einen Staaten*verein*,
einen Bund" (99). – Im Horizont dieser Alternative gewinnt ein

2. Faktum entscheidende Bedeutung: „Die Richtung Deutschlands ist ein Staatenverein zu sein" (101). Damit ist für Humboldt klar, daß nur diejenige Politik erfolgversprechend sein
kann, die auf einen solchen Verein hinarbeitet. Denn „die Nationen haben, wie die Individuen, ihre, durch keine Politik ab-
zuändernden Richtungen" (ebd.) – auch wenn diese *mit der Zeit*
oder ‚zufällig' entstanden sind und vergehen werden.

Zu beantworten bleibt noch die Frage, was einen deutschen
Staatenverein sichert und bindet. Auch hier muß sich Humboldt auf konkrete Umstände berufen: auf eine Interessen-
gleichheit zwischen den mächtigsten Partnern des Bundes. „Die
feste, durchgängige, nie unterbrochene Übereinstimmung und
Freundschaft Oesterreichs und Preussens [diese Worte haben
den Charakter einer Beschwörungsformel] ist allein der
Schlussstein des ganzen Gebäudes" (100). Wiederum wäre es
falsch, diese Formulierung zeitlos zu verstehen. Die genannte
Übereinstimmung ist, wie der preußische Gesandte am Wiener
Hof genau weiß, ebenso notwendig wie unsicher: ein „rein politisches Princip". Immerhin wird sie, freilich in einem für

Humboldt sehr unerfreulichen Geist, bis zum Sturz Metternichs durch die Revolution von 1848 tatsächlich Bestand haben.

Auf solchen ‚Fakten' und ‚Prinzipien' beruht alles vernünftige politische Handeln. Dieses orientiert sich, nach Humboldts Begriff der Vernunft, an der Einsicht in das notwendige Wechselspiel von Kraft und Bildung, versteht sich also aus einer naturphilosophischen Gesamtkonzeption heraus, die auch das menschliche Handeln und den Gang der Geschichte einschließt.

Das dritte Beispiel betrifft die bekannteste Leistung des Staatsmannes Humboldt, seine Reform des preußischen Unterrichtswesens. Unter schwierigsten Umständen begonnen, mit beschränktesten Mitteln in kürzester Zeit ins Werk gesetzt, nie vollendet und bald verfälscht, begründete sie doch den zeitlosen Typus eines institutionellen Rahmens für die zweckfreie Bildung des Individuums.

3. Die Bildungsreform

Die *Theorie* fordert nichts als Freiheit und Mannigfaltigkeit der Situationen zur selbsttätigen Bildung der eigenen Kräfte. Die *Wirklichkeit* zeigt zahlreiche Zwänge und Einschränkungen. Die *Politik* hat die Aufgabe, (Selbst-)Bildungsmöglichkeiten zu schaffen und Zwänge abzubauen. Dazu sind politisches Handeln, Gesetze, Institutionen erforderlich. Es ist unausbleiblich, daß diese, da sie bestimmte Zwecke verfolgen, mit der Zeit selbst als Einschränkung der Freiheit und als Zwang empfunden werden. Damit steht die Politik immer wieder vor derselben Aufgabe, nämlich Freiheitsräume zu schaffen, deren konkrete Inhalte nur aus den gegebenen Umständen heraus zu gewinnen sind. Es könnte scheinen, als sei die so bestimmte Aufgabe der Politik eine Sisyphusarbeit. Doch das ist nicht der Fall. Zwar bleibt die Arbeit formal dieselbe: Freiheit zu schaffen. Aber der Berg ist jedesmal ein anderer, niemals rollt der Stein zurück. Der Politiker hat das konkrete Ziel nicht unerreichbar vor Augen, sondern er bestimmt es jeweils neu und kann es auch erreichen – mit Vernunft und Geschick: *natura non nisi parendo vincitur* (Nur indem man ihr gehorcht, wird die Natur besiegt: Fr. Bacon). Nur ist er damit nicht endgültig am Ziel. Er hat immer Ziele, aber kein Endziel.

a) Neue Institutionen

Humboldts Aufgabe ist eingebettet in das umfassende Reformprogramm des Freiherrn vom Stein, das als wichtigste Teile die Agrarreform, die Reform der Städteordnung und die Verwaltungsreform umfaßt. Humboldt soll und will diese Reformen im Bildungswesen ergänzen. Die Lage, die er vorfindet, ist trostlos und chaotisch. Es gibt keine geregelte Lehrerausbildung, keine geregelten Lehrpläne. Die Standesschulen stehen unter lokalem Patronat, das die Ausbildung allein nach partikularen Gesichtspunkten der Nützlichkeit betreibt.

Humboldts Reformmaßnahmen lassen sich nach drei Zielen gliedern und zusammenfassen.

(1) *Zentrale Organisation:* Er errichtet ein einheitliches System der öffentlichen Bildung, das eine durchaus beabsichtigte Sogwirkung auf den privaten Sektor ausübt.

Die befreiende Folge dieses Maßnahmenbündels liegt in der Aufhebung der ständisch-beruflichen Gliederung des Schulwesens durch die Abschaffung aller Privilegien in den staatlichen Einrichtungen. Jedem Kind stehen formal die gleichen Bildungsmöglichkeiten offen. Fichte spricht hier von einer Entprivilegierung des Adels durch die Gleichheit aller vor der staatlichen Prüfungskommission. Daraus erwächst schließlich eine noch nie dagewesene soziale Mobilität (vgl. Lübbe, Nr. 47: 244 f.). Eine materiale Gleichstellung, an die niemand dachte, hätte Humboldt nicht nur als undurchführbar, sondern auch als höchst unerwünscht betrachtet. Es gibt keinen Bildungszwang. Die Verschiedenheit der individuellen Lagen der Bürger, auch was Familie, Herkunft und Eigentumsverhältnisse betrifft, ist nicht Gegenstand staatlicher Gesetzgebung: „Ungleichheiten sind das Wesen der Welt, und dass etwas besser sey, als anderes, ist leicht zu dulden", schreibt er im *Litauischen Schulplan* ange-

Abb. 4: Das 1766 fertiggestellte Palais des Prinzen Heinrich begann nach dem Tode des Besitzers (1802) und dem seiner Frau, der Prinzessin Wilhelmine (1808), zu verfallen. Im Wintersemester 1809 begann hier der vorläufige Lehrbetrieb der neuen Universität mit Vorlesungen von Schleiermacher, Fichte, Schmalz, Wolf und Buttmann. Die offizielle Universitätsgründung sowie die Übergabe des Universitätsgebäudes erfolgten erst ein Jahr später, ihren Namen erhielt die ‚Friedrich-Wilhelms-Universität zu Berlin' erst 1828. Seit 1883 wird der Eingang der ‚Humboldt-Universität' (1949) von den Denkmälern der Brüder Wilhelm und Alexander von Humboldt flankiert.

sichts der Aussichtslosigkeit, die geplanten Reformen überall gleichmäßig durchzuführen (GS XIII 281).

Das Mittel, das diese befreiende Folge ermöglicht, die zentralistische Neuorganisation des Bildungswesens, wird sich mit der Zeit zu neuem Zwang verkehren: zu staatlicher Kontrolle und staatlichem Dirigismus im Bildungswesen. Das ist die so unerwünschte wie unvermeidliche Nebenwirkung des Heilmittels.

(2) *Allgemeinbildung:* Das Menschenkind zum Menschen zu bilden, nicht den Schusterjungen zum Schuster auszubilden, das ist die neue Aufgabe der allgemeinbildenden staatlichen Schulen, deshalb heißt diese Erziehung *humanistisch*. Gefordert ist das humanistische Gymnasium für alle, als Einheitsschule! – Die Allgemeinbildung hat zwei Aspekte: Sie ist offen für alle (als allgemeines Bildungsrecht, nicht -pflicht), und sie ist formal (als Menschenbildung; die Berufsausbildung soll strikt von der Allgemeinbildung in den öffentlichen Schulen getrennt und in „Specialschulen" vermittelt werden).

(3) *Gliederung des Bildungsganges* in drei natürliche Stadien (vgl. GS XIII 259–68, 276–83):

Elementarunterricht: Dieser „soll bloss in Stand setzen, Gedanken zu vernehmen, auszusagen, zu fixiren, fixirt zu entziffern, und nur die Schwierigkeit überwinden, welche die *Bezeichnung* in allen ihren Hauptarten entgegenstellt. Er ist noch nicht sowohl Unterricht, als er zum Unterricht vorbereitet, und ihn erst möglich macht" (260). Andererseits sollen die Elementarschulen so vorzüglich sein, „dass es für keinen Nachtheil angesehen werden kann, wenn auch viele Bürger allein sie und nie eine andere Schule besuchen" (264).

Schulunterricht: „Der Zweck des Schulunterrichts ist die Übung der Fähigkeiten, und die Erwerbung der Kenntnisse, ohne welche wissenschaftliche Einsicht und Kunstfertigkeit unmöglich ist... Der Schüler ist reif, wenn er so viel bei andern gelernt hat, dass er nun für sich selbst zu lernen im Stande ist" (260f.). Humboldt insistiert darauf, „dass die gelehrten Schulen nicht bloss lateinische seyen, sondern der historische und mathematische Unterricht gleich gut und sorgfältig mit dem philologischen behandelt werde", und betont andererseits, „dass der Sprachunterricht wirklich Sprachunterricht" und nicht in erster Linie Dichterlektüre sei (265), denn es müsse „die Form einer Sprache, als Form, sichtbar werden" (266) und der Schüler lernen, „in der bestimmten Sprache die Sprache überhaupt" anzuschauen (263); worauf sich denn auch der Vorrang der alten Sprachen für den allgemeinbildenden Unterricht gründe (266).

Universitätsunterricht: Berühmte Worte Humboldts über

den Sinn des Universitätsstudiums lassen die große Ferne zwischen seiner Vision und dem heutigen, durch Massenausbildung nach Regelstudienzeiten, durch Publikationsflut und Kommunikationsarmut ge(kenn)zeichneten Hochschulalltag deutlich werden: „Wenn also der Elementarunterricht den Lehrer erst möglich macht, so wird er durch den Schulunterricht entbehrlich. Darum ist auch der Universitätslehrer nicht mehr Lehrer, der Studierende nicht mehr Lernender, sondern dieser forscht selbst, und der Professor leitet seine Forschung und unterstützt ihn darin. Denn der Universitätsunterricht setzt nun in Stand, die Einheit der Wissenschaft zu begreifen, und hervorzubringen, und nimmt daher die schaffenden Kräfte in Anspruch. Denn auch das Einsehen der Wissenschaft als solcher ist ein, wenn gleich untergeordnetes Schaffen. Daher hat der Universitätsunterricht keine Gränze nach seinem Endpunkt zu, und für die Studirenden ist, streng genommen, kein Kennzeichen der Reife zu bestimmen. Ob, wie lange, und in welcher Art derjenige, der einmal im Besitze tüchtiger Schulkenntnisse ist, noch mündlicher Anleitung bedarf? hängt allein vom Subject ab. Das Collegienhören selbst ist eigentlich nur zufällig: das wesentlich Nothwendige ist, dass der junge Mann zwischen der Schule und dem Eintritt ins Leben eine Anzahl von Jahren ausschliessend dem wissenschaftlichen Nachdenken an einem Orte widme, der Viele, Lehrer und Lernende in sich vereinigt" (261 f.).

Entscheidend für die Durchführung solcher Reformpläne ist die Neuorganisation der *Lehrerbildung*. Für den Elementarunterricht werden „Normalinstitute" zur praktischen Lehreraus- und -fortbildung nach der Pestalozzi-Methode errichtet, vor allem durch Carl August Zeller am Waisenhaus, einem Erziehungsheim mit Modellschule in Königsberg (vgl. GS X 208–14). Auch die Lehrer der gelehrten Schulen kannten bislang keine einheitliche Ausbildung; sie wurden nach Willkür, Zufall und Geldmitteln des Schulpatrons (Gutsherr, Kirche, Kommune) angestellt. Diesem Mißstand wird durch Maßnahmen begegnet, die das Patronat und die Examina betreffen.

Das Patronat wird nicht als solches verworfen. Vielmehr befürwortet Humboldt ausdrücklich den Gedanken eines Schulwesens in nationaler (selbständiger und gemeinnütziger) Trägerschaft, es muß nur vom Staat kontrolliert und beaufsichtigt werden. Sogar für die neu zu gründende Universität Berlin erhofft er sich die Übereignung königlicher Domänen, damit sie sich aus eigenen Einkünften finanzieren könne. Obwohl in Aussicht gestellt, kommt die Verwirklichung dieses kühnen Plans nicht zustande. Nur in Amerika werden zahlreiche Universitäten nach einem solchen Finanzierungsmodell gegründet – und noch heute erfolgreich geführt (vgl. Muller, Nr. 49). Im Generalverwaltungsbericht seines Amtes vom Mai 1809 schreibt Humboldt: „Diesen Punkt, die Nation bei dem eigentlich ihr anvertrauten Geschäft mit thätig zu machen, sieht die Section übrigens für den wichtigsten und wesentlichsten an. Denn", so wird die Absicht begründet, es „lässt sich mit Wahrheit behaupten, dass der Zeitpunkt, wo die Section ihren Zweck erreicht hätte, der wäre, in dem sie ihr Geschäft gänzlich in die Hände der Nation niederlegen, und sich mit dem Unterricht und der Erziehung nur noch in den höchsten Beziehungen desselben auf die andern Theile der obersten Staatsverwaltung beschäftigen könnte" (GS XIII 219).

Zum Zweck der Regelung staatlicher Prüfungen (Staatsexamina) wird eine „wissenschaftliche Deputation" eingerichtet, deren ordentliche Mitglieder Wissenschaftler der philosophischen, mathematischen, philologischen und historischen Fächer sind und die jährlich neu ernannt oder bestätigt werden. Die Deputation nimmt nicht nur Prüfungen vor, sondern berät die Sektion in allen wissenschaftlichen Fragen: Unterrichtsmethoden, Lehrpläne, Lehrbücher, Stellenbesetzungen (vgl. X 179–186). Das erfolgreiche Bestehen der Prüfungen soll Bedingung für eine Anstellung in einer staatlichen Schule werden, aber keinen Anspruch begründen. Auch Privatlehrern soll die Teilnahme offenstehen – als Anreiz (vgl. X 239–42).

b) Neues Selbstverständnis der Wissenschaft

In der staatlichen Regelung der Lehrerausbildung erkennt Hermann Lübbe zu Recht eine für die Hochschulen besonders folgenreiche Einrichtung der Humboldtschen Bildungsreform. Seit dem Beginn der modernen Universität im Mittelalter bestand eine feste Rangordnung der Fakultäten. Den drei höheren unter ihnen, Theologie, Jurisprudenz und Medizin, war die Artistenfakultät (Philosophie oder Freie Künste – artes liberales) untergeordnet; ihre Fächer hatten propädeutischen Charakter, sie waren nicht berufsausbildend. Einerseits ist die idealistische Hochschulreformdiskussion von Fichte bis Altenstein von einer Polemik gegen das Brotstudium erfüllt (darin ist Humboldt nur ein leises Echo des Geistes seiner Zeit): Wissenschaft soll um ihrer selbst willen, d. h. ‚zweckfrei‘ betrieben, nicht als Mittel zu anderen Zwecken ‚mißbraucht‘ werden. Andererseits macht Humboldts Bildungsreform die Philosophische Fakultät, wie Lübbe formuliert, „zum institutionellen Ort einer grundständigen akademischen Berufsvorbereitung", nämlich „zu einer primär gymnasiallehrerausbildenden Fakultät". Damit nun werde „die zuvor bei den obersten Fakultäten dienstbare Philosophische Fakultät berufsausbildungspraktisch autonom" gemacht (Lübbe, Nr. 47: 242f.), zugleich aber wird, auf lange Sicht, ihr Bestand an den Bedarf der Lehrerausbildung geknüpft.

Zweckfreie Wissenschaft und berufsvorbereitendes Studium sind für Humboldt keine sich ausschließenden Gegensätze. Die Zweckfreiheit bezieht sich auf die Wissenschaft selbst, die „als etwas noch nicht ganz Gefundenes und nie ganz Aufzufindendes zu betrachten, und unablässig ... als solche zu suchen" ist (GS X 253). Aus dieser Bestimmung ergeben sich die Grundforderungen für eine angemessene Organisation der Wissenschaft: akademische Freiheit als Freiheit *in* Forschung und Lehre und *von* allem schulischen Zwang sowie Einsamkeit des selbstverantwortlichen Studiums. Die Zweckmäßigkeit eines solchen Studiums und sein Nutzen für den Staat gründen sich auf die Erwartung, daß diejenigen, die sich durch „selbstverantwortete Teilnahme an der praxisfernen Praxis der Wissenschaft" (Lübbe, Nr. 47: 246) gebildet haben, am besten für höhere staatliche Dienste und sonstige Führungsaufgaben gerüstet seien. Positive Eingriffe des Staates müssen daher vermieden, aber die Bedingungen der akademischen Freiheit doch auch gesichert werden. Sache des Staates ist es, „für Reichthum (Stärke und Mannigfaltigkeit) an geistiger Kraft durch die Wahl der zu versammelnden Männer und für Freiheit in ihrer Wirksamkeit" zu sorgen (GS X 254). Gefahren drohen von außen und von innen, deshalb ist eine förmlich geregelte Kräftebalance herzustellen: Es biete sich beispielsweise an, den Antagonismus zwischen der Universität, die durch die Aufgaben der Lehre auch „auf das praktische Leben und die Bedürfnisse des Staates" bezogen sei, weshalb die Ernennung ihrer Lehrer dem Staat vorbehalten bleiben müsse, und der Akademie, die als „die höchste und letzte Freistätte der Wissenschaft" ihre Mitglieder in eigener Wahl bestimme, fruchtbar zu machen (vgl. X 256–60).

Die Grundforderung nach akademischer Freiheit setzt eine Revolution des Wissenschaftsbegriffs voraus. Diesen Gedanken führt Josef Simon in einem Vortrag vom Juni 1987 an der Universität Bonn (Nr. 50) folgendermaßen aus: Nach Humboldt könne die Wissenschaft nicht mehr als der Ort des Wissens verstanden werden, das bewahrt, gelehrt und allenfalls vermehrt werden müsse. Sie sei vielmehr neu zu bestimmen als der Ort des Meinens, der die Freiheit der Meinung als Freiheit von der Notwendigkeit des Handelns gewähre. Nun stand die Artistenfakultät schon immer in dem – allerdings zweifelhaften – Ruf, sich mit allerlei Meinungen über Gott und die Welt zu beschäftigen. Doch das wurde ihr verziehen, da sie ja gewissermaßen nur zum intellektuellen Training für die höheren Berufe gebraucht wurde. Ihr Unernst mußte daher auch durch theologische und juristische Maßgaben in Zaum gehalten werden. Aus guten Gründen gab es also vordem nur eine sehr beschränkte Freiheit in Forschung und Lehre. Seitdem aber durch die Kritik der menschlichen Vernunft klar geworden ist, daß alles Wissen auf Meinung beruht und keine Meinung endgültig wahr zu sein beanspruchen kann, hat die Meinung selbst eine höhere Wertschätzung erfahren. „Daß sie schwanken kann, wird nun so gesehen, daß sie schwanken darf" (Nr. 50: 7). Frei schwanken und tastend sich neu zu orientieren versuchen – diesen Luxus kann sich das Denken (im Modus des Meinens) nur so lange erlauben, wie es von der Notwendigkeit zu handeln, also vom unmittelbaren Bezug auf die Praxis freigestellt ist. Das ist nach Humboldt am reinsten in der Akademie möglich, deren Mitglieder zu nichts, nicht einmal zur Lehre, verpflichtet sind. Andererseits leuchtet es sofort ein, daß diese Freiheit nur innerhalb einer staatlich geschützten Institution auf Dauer und für viele zu gewährleisten ist. Individuelle Gegenbeispiele wie Descartes und andere vermögende Einzelgänger des 17. Jahrhunderts, die gelernt hatten, sich ihre Grenzen selbst zu setzen, bestätigen nur die Regel.

Humboldt hat den Wert der freien Meinung nicht nur erkannt, sondern auch an den Universitäten als dem Ort ihrer noch zweckfreien Diskussion verankert. Das traditionelle Modell der Artistenfakultät – erweitert zur Idee einer Philosophischen Fakultät – ist zum Modell für Institutionen der freien Forschung überhaupt geworden. Selbst Theologen, Juristen und Mediziner beginnen hier und da, wenn auch zaghaft, ihr Wissen dem freien Spiel der Meinungen auszusetzen. Die Universität ist damit begriffen – nicht nur geduldet, sondern gewollt – als eine Arena für den Antagonismus der Meinungen, aus dem, wenn er seine Aufgabe erfüllt, neue Anregungen zur Lösung für die jeweiligen Probleme der Zeit hervorgehen können.

4. ‚Vom Standpunkte der Zeit betrachtet‘ – Humboldts Geschichtsphilosophie

Die Geschichte ist „dem handelnden Leben verwandt", sie soll den „Sinn für die Wirklichkeit" bilden und beleben (GS IV 39f.).

Für die Geschichtsphilosophie Humboldts sind drei Texte besonders wichtig, zwei kurze Fragmente und eine Akademievorlesung. Die *Betrachtungen über die Weltgeschichte* (GS III 350–59) und die *Betrachtungen über die bewegenden Ursachen in der Weltgeschichte* (GS III 360–66) hat ihr Autor nicht nur nicht veröffentlicht, sondern nicht einmal in seinen Briefen erwähnt. Humboldt-Philologen datieren sie vermutungsweise auf 1812/14 (Wien) bzw. 1818 (London), gedruckt wurden sie erstmals 1896 bzw. 1904. Entwürfe dieser Art enthalten oft sehr knapp und ungeschützt philosophische Grundgedanken, die sich in den veröffentlichten Texten meist verhaltener und verwickelter ausgeführt finden. Der dritte Text ist von anderer Art. Auf Vorschlag des Freiherrn vom Stein, der auf eine Anregung Wolfs zurückging, war Humboldt im August 1808 zum Ehrenmitglied der Königlich Preußischen Akademie der Wissenschaften zu Berlin gewählt worden und hatte am 19. Januar 1809, zwei Tage nachdem er die Übernahme der Leitung des preußischen Unterrichtswesens (zunächst) abgelehnt hatte, seine kurze Antrittsrede gehalten. Von 1820 bis 1829 hielt er, ungern zwar, aber ziemlich regelmäßig, seine jährliche Pflichtvorlesung vor der Akademie, die einzige Nötigung für ihn, gelegentlich gewisse Stücke aus seinen Arbeiten der Öffentlichkeit zu präsentieren. Der zweiten dieser Vorlesungen, die im April 1821 gehalten und bald darauf veröffentlicht wurde, gab er den Titel: *Über die Aufgabe des Geschichtschreibers* (GS IV 35–56). Sie war im 19. Jahrhundert eine seiner bekanntesten und am häufigsten zitierten Schriften. Nicht zufällig eröffnet sie den ersten Band der ersten Ausgabe seiner Werke von 1841.

a) Erstes Fragment über die Weltgeschichte

Humboldt entwickelt seinen Standpunkt aus einer Kritik an dem, was er „philosophische Geschichten" (GS III 350) oder „Philosophie der Weltgeschichte" (III 360) nennt. Er erwähnt Kant (*Ideen zu einer allgemeinen Geschichte in weltbürgerlicher Absicht*, 1786), verschweigt Herder (*Ideen zur Philosophie der Geschichte der Menschheit*, 1784–91) und hätte sicherlich auch an Hegel gedacht, wenn dessen Vorlesungen zur *Philosophie der Weltgeschichte* schon gehalten worden wären (fünfmal in zweijährigem Turnus seit dem Wintersemester 1822/23). All diesen Versuchen, „die einzeln zerstreuten, und scheinbar zufälligen Weltbegebenheiten unter Einen Gesichtspunkt zu bringen, und nach einem Princip der Nothwendigkeit aus einander herzuleiten", wirft er vor, daß ihnen der „geschichtliche Sinn" fehle, daß sie die Begebenheiten „gewaltsam" behandelten und übergingen, was nicht in das jeweilige Schema passe (350). Doch ist dieser Vorwurf äußerlich. Denn Humboldt weiß sehr gut, daß keine Geschichte vollständig sein kann oder auch nur will, daß vielmehr alles auf die Art und Weise und den jeweiligen Gesichtspunkt der Betrachtung ankommt. Entscheidend ist denn auch der zweite Vorwurf, der dem ersten erst Bedeutung und Gewicht verleiht. Die philosophische Geschichte, meint Humboldt, betrachte das Menschengeschlecht „zu sehr intellectuell … als blosse Cultur … und nicht genug nach seinem Zusammenhange mit dem Erdboden und dem Weltall, rein naturgeschichtlich" (ebd.).

Das mag überraschend erscheinen, ist aber von großer Bedeutung. An die naturgeschichtliche Betrachtungsweise knüpft sich nämlich die Ablehnung sowohl mechanistischer als auch und vor allem teleologischer Vorstellungen von der Geschichte. Es könne nicht die Aufgabe des Geschichtschreibers sein, „aus wenigen Jahrtausenden herausgegrübelte, einem fremden, mangelhaft gefühlten, und noch mangelhafter erkannten Wesen angedichtete Absichten" erforschen zu wollen (357). Anstatt „die Vollendung des Menschengeschlechts in Erreichung einer allgemeinen, abstract gedachten Vollkommenheit" zu suchen, müsse man vielmehr, „vom Standpunkte der Zeit betrachtet, auf dem wir befasst sind", einen Sinn für den „Reichthum grosser individueller Formen" entwickeln, müsse, da „das Ganze nur am Einzelnen erkennbar" sei, „Nationen und Individuen studiren" und alle „Fäden des Zusammenhanges menschlicher Begebenheiten" verfolgen (357 f.). – Kurz, den bisherigen Entwürfen zu einer „Philosophie der Weltgeschichte" setzt er, „wenn der Ausdruck nicht zu kühn ist, die Physik derselben" entgegen (360).

„Physik der Weltgeschichte", was kann das heißen? Auch Humboldt sucht nach ‚Ursachen' in der Geschichte, aber in einem anderen Sinn als bislang üblich, und das drückt er so aus: „Es sollen nicht vorangehende Begebenheiten, aus welchen nachfolgende entstanden sind, aufgezählt; die Kräfte sollen

nachgewiesen werden, welchen beide ihren Ursprung verdanken" (ebd.). Diese Fragestellung gründet in einer an Leibniz
orientierten eigenen Metaphysik der Natur, über die noch genauer zu sprechen sein wird. Auf die Geschichte bezogen besagt sie, daß alle Begebenheiten nur Resultate sind: bewirkt,
aber selbst nicht wirkend. Oder anders gesagt: Was geschieht,
ist nicht Wirklichkeit, sondern Erscheinung. (Das ist eine vor-
kantische Ausdrucksweise nach Kant: Für Kant ist die Wirklichkeit eine der Modalitätskategorien, deren Bedeutung allein
auf das Gebiet der Erscheinungen beschränkt ist.) Wirklich hingegen sind allein die unsichtbaren bewegenden Kräfte, deren
Resultate wir in den Begebenheiten wahrnehmen und feststellen, obwohl in der Wirklichkeit nichts bleibt, wie ‚es ist'. *Alles
wird, nichts ist, nur unser Denken stellt fest.*

Was aber sind die „bewegenden Ursachen" oder „die treibenden Kräfte der Weltgeschichte"? In den beiden Fragmenten
nennt und erläutert Humboldt jeweils eine Gruppe von drei
Kräften, die, entsprechend dem unterschiedlichen Gesichtspunkt beider, verschieden benannt werden. Im ersten Fragment
spricht er von den „Kräften der Zeugung, Bildung und Trägheit" (355 ff.).

Durch *Zeugung* entsteht das Neue in der Geschichte: eine
neue Individualität, sei sie nun ein Mensch, eine Nation, eine
Idee. Sie entsteht „auf Einmal und aus dem Nichts": *creatio ex
nihilo* (Schöpfung aus Nichts) ohne *creator* (Schöpfer) oder *de
deo abscondito* (durch den verborgenen Gott). Die mystische
Ausdrucksweise, die hier durch ihre lateinische Version nur
unterstrichen werden soll, ist von Humboldt bewußt gewählt.
Man trifft sie bei ihm immer dann, wenn er vom Geheimnis der
Zeugung oder der Entstehung einer Individualität spricht. Sie
dient als Chiffre für das, was sich nicht sagen läßt, indem sie alle
Versuche einer Erklärung in feststellenden Begriffen, die doch
nur Resultate von wirklichen Kräften feststellen können, zu-
rückweist. Entscheidend für das Verständis des Humboldtschen Begriffs von Geschichte und nach Humboldt entscheidend für unser Verständnis von Wirklichkeit überhaupt ist es
nun, daß man Erscheinungen, deren Ursache man nicht erklä-

ren kann, nicht einfach ignoriert oder gar leugnet, sondern ihnen einen Platz in unserem Bild der Geschichte einräumt.

Wenn *Bildung* in den frühen staatstheoretischen Schriften eher als das planvolle Lenken und Leiten ursprünglicher Kräfte verstanden wurde, so ist jetzt eingesehen, daß auch das Lenken und Leiten selbst einer Kraft bedarf. Nur eine Kraft kann auf Wirkliches einwirken, es nach Ideen modifizieren. Bildung wird daher näher verstanden als diejenige Kraft, durch welche „Nationen und Einzelne sich emporarbeiten". Das Planvolle erhält sich in der Richtungsangabe ‚empor‘. Doch Bildung ist Arbeit an Gegebenem, sie setzt das Dasein eines Keimes, eben die ursprüngliche Kraft voraus, die ein Individuum ist.

Die Kraft der *Trägheit* wird nicht weiter erläutert. Sie bezeichnet das „animalische Leben" der individuellen Formen, das der Kraft der Zeugung des Neuen und der Kraft der Bildung des Höheren den gleichförmigen Widerstand der Bedürfnisse und Gewohnheiten entgegenstellt, einen Widerstand, der immer wieder überwunden werden muß und wirklich überwunden wird. Die Form des Alten wird zum Stoff für das Neue oder zum Gegenstand seiner Bildung. Resultat der Bildung aber ist die Einverleibung oder Verinnerlichung des Neuen, des Anderen. So wird das ehemals Bildende zur zweiten Natur. Mit der Kraft der Trägheit versehen, setzt es dem nunmehr Neuen den Widerstand des Bestehenden entgegen.

Letztlich also sind alle drei Kräfte nur spezifisch unterschiedene Modi oder Erscheinungsformen derselben ursprünglichen Kraft. Wie die Trägheit als eine Kraft verstanden werden kann, läßt eine Formulierung aus der Akademierede noch deutlicher erkennen: „Denn auch was Frucht des Geistes" ist, „verliert das Geistige, und wird zur Materie, wenn nicht der Geist es immer von neuem belebt. Alle diese Dinge tragen die Natur des Gedankens an sich, der nur erhalten werden kann, indem er gedacht wird" (IV 46 f.). Dieser Satz gilt für alles Geschichtliche, mithin für alles, was für uns wirklich ist. Die Zeit erhält nicht, sondern sie zerstört die gewordene Form, wenn nicht eine lebendige Kraft ihr entgegenarbeitet.

b) Zweites Fragment über die Weltgeschichte

Die knapp gehaltene Bestimmung der drei „treibenden Kräfte der Weltgeschichte" aus dem ersten Fragment wird im zweiten durch eine ausführlichere Erörterung der drei „Ursachen der Weltgeschichte" ergänzt: „die Natur der Dinge, die Freiheit des Menschen, und die Fügung des Zufalls" (GS III 361–66).

Die Ausführungen über die *Natur der Dinge* zeigen das platonistische, traditionelle oder auch die Erfahrung des common sense berücksichtigende Moment des Humboldtschen Denkens: „Die Natur der Dinge ist entweder durchaus, oder innerhalb gewisser Gränzen bestimmt, und dieselbe". Das gilt nach Humboldt auch für die moralische Natur des Menschen. „Von dieser Seite betrachtet", resümiert er, „liesse sich die ganze Weltgeschichte ... mathematisch berechnen". Wie ernst es ihm mit diesem Gedanken ist, zeigt eine Bemerkung, mit der er eine Aufzählung von Beispielen schließt: „Das Studium dieser mechanischen und" – gedacht ist an die „Kraft der moralischen Wahlverwandtschaften" im Sinne Goethes – „chemischen Erklärungsart der Weltgeschichte ist im höchsten Grade wichtig". Denn das Regelmäßige im Gang der Geschichte läßt sich nur dadurch erklären, „dass auch die willkührlichen Handlungen der Menschen den Charakter der Natur annehmen, die immer einem nach gleichförmigen Gesetzen in sich zurückkehrenden Gange folgt".

Das Entscheidende in diesen Ausführungen sind jedoch die zahlreichen vorsichtigen Einschränkungen, die Raum geben für Erscheinungen der *Freiheit des Menschen*. Zwar sei „bis auf einen gewissen Grad" jene Betrachtungsweise „unläugbar wahr", und folglich sei es „das erste Geschäft" des Historikers, die mathematische Untersuchung „so weit, als möglich" fortzuführen. Aber nach dieser Zuspitzung setzt die für Humboldt charakteristische Umkehrung ein: „Es würde ewig vergeblich bleiben, hieraus eigentlich ihre Erklärung suchen zu wollen". – Das Neue in der Geschichte gehört einer „von dem mechanischen Naturgange verschiedenen Ordnung der Dinge" an; es kann nicht mechanisch erklärt werden. Wo der Zusammenhang der Ereignisse „das Gebiet der Freiheit berührt, hört alle Berechnung auf". Humboldt spricht hier von der „Schöpfungskraft des menschlichen Charakters", von dessen „Geburten", die „bei dem Denker, dem Dichter, dem Künstler, dem Krieger, und dem Staatsmanne" von derselben Art seien. Was an eindrücklichen Beispielen, an Äußerungen „des Genies und der tiefen Leidenschaft", „unverkennbar" hervortrete, sei für uns nur verständlich, weil dasselbe „strenge genommen ... mit jedem Ausfluss der menschlichen Individualität" geschehe. Denn, wie es in der Akademierede heißt: „Wo zwei Wesen durch gänzliche Kluft getrennt sind, führt keine Brücke der Verständigung von einem zum andren, und um sich zu verstehen, muss man sich in einem andren Sinn schon verstanden haben" (IV 47).

Mit dieser Unterscheidung von (zunächst) zwei Arten von Ursachen der Weltbegebenheiten, Naturnotwendigkeit und Freiheit, nimmt Humboldt offensichtlich auf Kant Bezug. Doch werden die Kantischen Begriffe in höchst charakteristischer Weise umgedeutet. Die transzendentale Unterscheidung zwischen Ding an sich und Erscheinung, zwischen Reich der Natur und Reich der Freiheit wird zwar übernommen, der Gegensatz selbst aber in die Welt der Erscheinungen für uns verlegt. Was Kant aus methodischen Gründen als zwei Gebiete so voneinander absondert, daß keines dem andern Eintrag tun kann, wird bei Humboldt in eine gegenseitig sich beschränkende Wechselwirkung zurückübersetzt, so daß eine scharfe Trennung zwischen Naturkausalität und Kausalität aus Freiheit gerade nicht mehr möglich ist. Man kann das als den Ansatz zu einer Metaphysik der freien Natur bezeichnen, doch dann sollte man diese als eine nachkritische, eine durch die Kantische Kritik hindurchgegangene Metaphysik zu verstehen versuchen.

Humboldt faßt das geschichtsphilosophische Resultat seines Nachdenkens Kantischer Gedanken in dem einem Satz zusammen: „Zwei, ihrem Wesen nach voneinander verschiedene, scheinbar sogar entgegengesetzte Reihen der Dinge sind also die in die Augen fallenden bewegenden Ursachen in der Weltgeschichte: die Naturnothwendigkeit, von der sich auch der Mensch nicht ganz losmachen kann, und die Freiheit, die vielleicht auch, nur auf eine uns unbekannte Weise, in den Veränderungen der nicht menschlichen Natur mitwirkt. Beide beschränken sich immer gegenseitig" (III 365). In ausdrücklicher Aufnahme der Kantischen *Unterscheidung* von Natur und Freiheit, aber von Anfang an entschieden gegen eine *Trennung* beider in der Betrachtung der Dinge gewendet, bedeutet das: Auch die Freiheit des Menschen ist durch die Natur bedingt, auch die Natur der Dinge ist möglicherweise durch Freiheit bestimmt. Es scheint auf eine Frage der Kraft hinauszulaufen, ob sich eine Begebenheit eher als ein Geschehen darstellt, das der Naturnotwendigkeit folgt, oder eher als eine freie Handlung ausspricht, die der Natur der Dinge möglicherweise ein neues Gesetz vorschreibt.

Humboldt geht hier nicht mehr auf die *Fügung des Zufalls* ein, die er zu Anfang als dritte unter den Ursachen der Weltbegebenheiten genannt hat. Man kann aber versuchen, seine Gedanken nachzuzeichnen. Bei ihm steht der Zufall einmal in Opposition zur Vernunft (GS I 79; II 6), einmal in Opposition zur Absicht (II 10, 306). Ersteres ist vom Standpunkt des Betrachters aus formuliert: „Das allgemeinste Bestreben der menschlichen Vernunft ist auf die Vernichtung des Zufalls gerichtet". Das gilt für ihn im kantischen Sinn als eine regulative Idee aller Erkenntnis. Wenn also die erkennende Vernunft keinen Zufall in der Natur voraussetzen darf, weil dies das Ende alles Erkennens bedeutet, so darf sie doch nicht wagen, „ihn derselben abzusprechen" (II 6). An die Stelle dieses Begriffs vom Zufall tritt später der des aus Freiheit entstehenden Neuen oder des Unerklärlichen in der Natur. Die Opposition von Zufall und Absicht ist vom Standpunkt des Betrachteten aus formuliert. Steht hinter dem Gang der Weltgeschichte ein vernünftiger Plan oder nicht? Nun ging Humboldt stets davon aus, daß, falls es eine Vorsehung geben sollte, sie für uns gänzlich unerkennbar sei. „Fügung des Zufalls" muß hier also eine andere Bedeutung haben. Sie läßt sich aus der Verschiedenheit der beteiligten Individuen und folglich aus der Vielfalt ihrer Lagen verstehen. Die Individuen unterscheiden sich nämlich dadurch voneinander, daß unter denselben Umständen oder in derselben Lage jedes von ihnen anders handeln würde (vgl. III 365). In diesem Sinn sind ihre Reaktionen frei und nicht zu berechnen. Eine individuelle Handlung ist aber nicht durch die Natur des handelnden Individuums allein bestimmt, sondern immer auch bedingt durch die Umstände und Lagen, in denen sie wirklich geschieht. In diesem Sinn kann man die Fügung des Zufalls als ihre ‚Ursache‘ ansehen, denn ohne Zufall in dieser Bedeutung des Wortes geschieht keine freie Handlung. Der Zufall bezeichnet dann nicht die individuelle Natur des Menschen, sondern seine individuelle Lage, in die er hineingeboren wird.

c) ‚Über die Aufgabe des Geschichtschreibers‘

Aus diesen ‚Betrachtungen über die (bewegenden Ursachen in der) Weltgeschichte‘ folgt ganz natürlich die Bestimmung der ‚Aufgabe des Geschichtschreibers‘, das Thema der Akademievorlesung von 1821. Zwei Aspekte dieser viel diskutierten Schrift verdienen besondere Beachtung: der Begriff der *historischen Tatsache* und das *Verhältnis zur Dichtung*.

„Die Thatsachen der Geschichte“ sind „wenig mehr, als die Resultate der Überlieferung und Forschung, die man übereingekommen ist, für wahr anzunehmen“ (GS IV 36). Zwar ist die Aufgabe des Geschichtsschreibers einfach zu bestimmen, denn sie besteht in nichts anderem als der „Darstellung des Geschehenen“. Problematisch aber ist der Zugang zu dem, was wirklich geschehen ist. Denn das Geschehene ist nicht das Gesehene. Wir erfahren es aber auch nicht ohne das Gesehene. Es muß, ausgehend vom Gesehenen, „hinzu empfunden, geschlossen, errathen werden“. Das Geschehene ist der „innere ursachliche Zusammenhang“ des Gesehenen, auf dem dessen „innere Wahrheit beruht“ (IV 35). Etwas als etwas wirklich Gewesenes zu erinnern und zu bestimmen, das ist der Übergang vom Gesehenen zum Geschehenen.

Die Analyse des Geschehenen wird also immer nur bis zu solchen elementaren ‚Tatsachen‘ vorstoßen können, die selbst schon ‚Resultate der Überlieferung‘ und allein im Zusammenhang eines größeren Ganzen verständlich sind. Was wir so als historische Tatsache anzusprechen gewohnt sind, ist nicht mehr als eine Kunde, günstigstenfalls die Ur-Kunde von Vergangenem, das wir uns anders nicht mehr vergegenwärtigen können. Umso weniger darf sich der Geschichtsschreiber mit der Aufzählung solcher Tatsachen begnügen. Sie sind zwar selbst schon geformt, für ihn sind sie jedoch nur der „Stoff" der Geschichte. „Dabei stehen bleiben, hiesse die eigentliche, innere, in dem ursachlichen Zusammenhang gegründete Wahrheit einer äusseren, buchstäblichen, scheinbaren aufopfern, gewissen Irrthum wählen, um noch ungewisser Gefahr des Irrthums zu entgehen. Die Wahrheit alles Geschehenen beruht auf dem Hinzukommen jenes oben erwähnten unsichtbaren Theils jeder Thatsache, und diesen muss daher der Geschichtschreiber hinzufügen" (36).

Analysieren wir diese Sätze ein wenig: Die sogenannten ‚Tatsachen der Geschichte‘ sind deren ‚äußere, buchstäbliche Wahrheit‘: Resultate der Überlieferung, die man für wahr zu nehmen bereit ist und auch wirklich sein muß, wenn man überhaupt Geschichte zu betreiben versucht. Jeder, der nach der Vergangenheit fragt, muß irgendwo anfangen, der Überlieferung Glauben zu schenken. Doch diese buchstäbliche Wahrheit, der zu glauben wir genötigt sind, ist eine ‚scheinbare‘, bei ihr stehenzubleiben ist ‚Irrtum‘, und zwar mit Gewißheit Irrtum. Warum dies? Die Tatsachen zeigen nicht ‚die eigentliche, innere, in dem ursachlichen Zusammenhang gegründete Wahrheit‘ des Geschehenen, gerade weil sie für uns dessen nicht weiter analysierbare Elemente sind: Zwar *wissen* wir, daß sie nicht wahrhaft elementar sein können, aber wir *verstehen nicht* den Zusammenhang, als dessen Resultate sie überliefert sind. Deshalb können sie für uns nur Stoff für Geschichte sein. Den für alle Geschichte notwendigen ‚inneren Zusammenhang‘ müssen wir selbst ‚hinzu empfinden, schließen und erraten‘. Nur auf diese Weise kann die Geschichte für uns ‚innere‘ Wahrheit gewinnen. Nun ist dieser Zugang zur Wahrheit der Geschichte niemals ganz sicher, doch an die Stelle des ‚gewissen Irrtums‘ einer Aufzählung unverstandener ‚Tatsachen‘ tritt die ‚noch ungewisse Gefahr des Irrtums‘ einer unwahren Geschichte. Wenn überhaupt die Wahrheit des Geschehens erkannt werden kann, dann allein durch das ‚Hinzukommen des unsichtbaren Teils der Tatsachen, den der Geschichtsschreiber hinzufügen muß‘. Historische Wahrheit bildet sich im verstehenden Übergang von den ‚Tatsachen‘ zur ‚Geschichte‘.

Nichts liegt näher, als unter diesem Gesichtspunkt den *Geschichtsschreiber* mit dem *Dichter* zu vergleichen. Denn „von dieser Seite betrachtet, ist er selbstthätig, und sogar schöpferisch" (36). Der Vergleich wird nach Übereinstimmendem und Unterscheidendem ausgeführt:

– Beider Wirksamkeit ist verwandt: die Darstellung muß „das Unvollständige und Zerstückelte der unmittelbaren Beobachtung ergänzen und verknüpfen", und das kann nur die Phantasie (37).

– Beider Darstellung ist „Nachahmung der Natur. Die Grundlage von beiden ist das Erkennen der wahren Gestalt, das Herausfinden des Nothwendigen, die Absonderung des Zufälligen" (41).

– Wie der Künstler in jedem Werk die Form des Schönen darstellen und allgemein den Sinn für das Schöne wecken soll, so soll der Geschichtsschreiber in jeder Begebenheit die Form der Wirklichkeit darstellen, um den Sinn für sie und ihre Behandlung zu beleben (vgl. 39 f.).

– Der Dichter aber, gestützt auf Mathematik und Naturkunde, sucht die „Wahrheit der Gestalt", der Geschichtsschreiber die „Wahrheit der Begebenheit". Beide sind „von Ideen geleitet". Diese sind jedoch nicht vorgegeben, sie sollen vielmehr – für geübte Augen – „aus der Fülle" des Gegebenen selbst „hervorgehen", wenn die Betrachtung „mit ächt historischem [bzw. künstlerischem] Sinn", mit Sinn für die Wirklichkeit bzw. für das Schöne, unternommen wird (45 f.).

Die vergleichende Betrachtung stellt die Geschichtsschreibung und die Kunst in dieselbe Gattung. Zugleich aber wird jene höher bewertet als diese, denn ihre Aufgabe ist eine umfassendere. Während der Künstler die unveränderliche Natur der Dinge nachzuahmen trachtet, soll der Geschichtsschreiber die Wirklichkeit in der Zeit, das durch die Natur der Dinge, die

Freiheit des Menschen und die Fügung des Zufalls bestimmte Wechselspiel individueller Kräfte darzustellen versuchen. Dabei hat es der Geschichtsschreiber mit verschiedenartigen Kräften zu tun, deren Analyse nach dem aristotelischen Stufenmodell der Naturdinge (ein überzeugenderes ist nicht bekannt) verschiedenartige Erklärungsweisen nahelegt (vgl. 48 ff.).

Erstens nämlich „erscheint die Geschichte ... wie ein todtes, unabänderlichen Gesetzen folgendes, und durch mechanische Kräfte getriebenes Uhrwerk". Doch nicht alles läßt sich auf diese Weise berechnend erklären. Auf einer zweiten Stufe zeigen die Begebenheiten der Geschichte ein nach allgemeinen, aber inneren Gesetzen geformtes „physiologisches Wirken", das man wohl erkennen, aber nicht verändern kann. Nur noch nach Analogien zu erfassen sind die Gesetze einer dritten Stufe der Betrachtung, der der „psychologischen Kräfte". Doch auch alle drei „Ansichten" der Dinge zusammengenommen erschöpfen „die Ursachen des Zusammenhangs der Begebenheiten" nicht. „Sie umfassen nur die, in regelmässig sich wieder erzeugender Ordnung überschaubaren Erscheinungen der todten, lebendigen und geistigen Natur, aber keinen freien und selbständigen Impuls einer ursprünglichen Kraft" (50).

Diese ursprüngliche Kraft, auf die Humboldt in allen Bereichen und bei allen Überlegungen an der Grenze des jeweils nach Gesetzen Erklärbaren immer wieder stößt, führt ihn über „das Gebiet der Erscheinungen", wie er in bewußt kantischer Terminologie formuliert, hinaus. Anders als Kant aber hält er dieses Überschreiten des Gebiets der Erscheinungen für notwendig, gerade um die Erscheinungen erklären zu können. Mit Kant hält er jedoch daran fest, daß dem Menschen „kein Organ verliehen" ist, diese außerhalb ihres eigenen Gebiets liegenden Ursachen der Erscheinungen zu erkennen. Er nennt sie, mit dem seit Platon dafür üblichen Ausdruck, „Ideen".

Ideen sind neben den zuvor aufgezählten toten, lebendigen und geistigen Kräften in der Geschichte „ein noch mächtiger wirkendes, nicht in unmittelbarer Sichtbarkeit auftretendes, aber jenen Kräften selbst den Anstoss und die Richtung verleihendes Princip", das, seiner „Natur nach, ausser dem Kreise der

Endlichkeit" liegt (51). Von den platonischen Ideen unterscheiden sich die Humboldtschen gleichwohl ganz wesentlich: Sie sind an ihre individuelle Erscheinung gebunden, sie müssen sich in der Geschichte verwirklichen. „Die Idee äussert sich aber auf zweifachem Wege, einmal als Richtung, die anfangs unscheinbar, aber allmählig sichtbar, und zuletzt unwiderstehlich, Viele ... ergreift" (man denke an Ionescos *Rhinocéros*); dann aber auch und vor allem „als Krafterzeugung" (51 f.). Die unerklärlichen Kräfte der Zeugung, die ebenso unerklärlichen Kräfte der Bildung, die gegen scheinbar übermächtige Widerstände ihre Richtung beibehalten, lassen sich nach Humboldt nur aus dem „Streben einer Idee" verstehen, „Daseyn in der Wirklichkeit zu gewinnen" (56). Zwar kann eine Idee nur in Individuen zum Dasein gelangen, doch ihr eigengesetzliches Leben und Sterben „zeigt, dass es die selbständige Natur der Idee ist, welche diesen Lauf in der Erscheinung vollendet" (53).

Diese ‚Ideenlehre' führt Humboldt am Schluß der Akademierede auf eine neue Weise zu den ‚Endursachen' der Geschichte, ohne daß er seine ausdrückliche Ablehnung der Geschichtsteleologie aufgeben müßte. „Für die menschliche Ansicht", schreibt er nun, „ist daher alle Geschichte nur Verwirklichung einer Idee, und in der Idee liegt zugleich die Kraft und das Ziel ... Das Ziel der Geschichte [der Menschheit] kann nur die Verwirklichung der durch die Menschheit darzustellenden Idee seyn, nach allen Seiten hin, und in allen Gestalten, in welchen sich die endliche Form mit der Idee zu verbinden vermag, und der Lauf der Begebenheiten kann nur da abbrechen, wo beide einander nicht mehr zu durchdringen im Stande sind" (55). Das ist keine kategorische Aussage über das unabhängig von uns tatsächlich, sei es durch Notwendigkeit oder Absicht, eintretende Ziel bzw. Ende der Geschichte. Es ist vielmehr einerseits eine tautologische Begriffserklärung, andererseits eine hypothetische Aussage über unsere Wirklichkeit. Die von Humboldt hier benannte Idee von der Geschichte der Menschheit ist nichts anderes als die Annahme, daß die Menschheit etwas Wirkliches oder wirklich etwas sei (als eine geistige Individualität wirklich existiere), so daß es nicht sinnlos wäre zu versuchen, eine Ge-

schichte von ‚ihr' (als „ein allgemeines Bild der Form des Zusammenhanges aller Begebenheiten": 48) zu entwerfen. Diese
Idee ist nichts Ewiges, nichts Vorgegebenes, nichts Unveränderliches. Aber offensichtlich ist sie etwas Wirkliches: Wir
glauben daran, indem wir unser Denken und Handeln – gelegentlich – durch sie bestimmen lassen. Sie kann nur erhalten
werden, indem beständig an ihrer Vergegenwärtigung gearbei-
tet wird. Und sie wird aufhören, wirklich zu sein (d.h. der Lauf
der Begebenheiten als Ein Lauf wird abbrechen), sobald sie die
Individuen nicht mehr ergreift (endliche Form und Idee einander nicht mehr zu durchdringen im Stande sind) – sobald wir sie
vergessen haben.

III. Natur

1. Charakterstudium

Von frühester Zeit an ist Humboldt darum bemüht, das Charakteristische der Dinge zu sehen, zu erfassen und zu schildern, die Dinge von ihrer charakteristischen Seite her zu verstehen, zu unterscheiden, zu bestimmen. Der ‚Charakter‘ wird damit zu einem Schlüsselbegriff für das Verständnis seines Denkens.

Das nächstliegende Gebiet des Charakterstudiums sind die ‚interessanten‘ Menschen, denen Humboldt begegnet und die er auf seinen Reisen eigens aufsucht, eben weil sie seine Kenntnis des menschlichen Charakters zu bereichern versprechen. Nun muß man, um die Menschen verstehen zu können, auch ihre Lage kennen. Und auch diese ist eine jeweils charakteristische. Das Charakterstudium zieht von daher immer weitere Kreise um den einzelnen Menschen, von dem es seinen Ausgang nimmt: Humboldt fragt nach dem Charakter einer Nation, einer Sprache, eines Kunstwerks, einer historischen Epoche. Selbst was die Menschheit als Ganze sei, läßt sich unserem Verständnis nicht anders als durch das Studium ihres Charakters erschließen. Kurz, auf alle wirklichen Gegenstände ist dieses Studium auszudehnen. Auch Pflanzen- und Tierarten, auch Landschaften haben ihren Charakter. Es ist nichts anderes als eine Charakterstudie dieser Art, wenn Wilhelm sich dilettierend an einer „Monographie des Keilbeins“ versucht (Goethe-Briefwechsel, Jan. 1795, Nr. 13: 3) oder wenn Alexander als Meister seines Fachs einen *Essai politique sur l'île de Cuba* (Paris 1826) verfaßt, in dem er von den mineralischen bis zu den geistigen Kräften, von den klimatischen bis zu den ökonomischen Verhältnissen alles das zusammenträgt und miteinander verknüpft, was zu einem umfassenden Verständnis seines Gegenstands auf ‚charakteristische‘ Weise beizutragen geeignet erscheint.

Wie unsere Kenntnis des Menschen, so ist unsere Kenntnis von allem, was wirklich ist, durch die Erfahrung bedingt, sie ist historisch und unerschöpflich. Historia naturalis und historia civilis sind noch keine Gegensätze: In beiden geht es darum, „Objekt(e) der Natur zu erforschen" (Goethe-Briefwechsel, Nr. 13: 50). Der Gegensatz beider ist vielmehr die Mathematik, die es nicht mit Wirklichem zu tun hat. Eine solche Universalisierung des Charakterstudiums wird ganz natürlich über dieses hinausführen – in die Sprachphilosophie oder, was dasselbe ist, zu einem neuen Begriff des Begriffs. Doch dazu später; zunächst Näheres über das Charakterstudium selbst.

Ausführlich erörtert Humboldt Bedeutung und Funktion des Charakterstudiums in dem großen Fragment *Das achtzehnte Jahrhundert* (1796/97, GS II 1–112). Bei diesem Fragment handelt es sich um die Einleitung zu einer geplanten „Charakteristik der Zeit, in der wir leben" (II 1), einem Riesenwerk, an dessen Vollendung sein Autor wohl selbst nie recht geglaubt hat. In einem Brief an Goethe vom April 1798 spricht er von einer „Art Sisyphusstein ...", den ich so vor mir hinwälze, und bei dem ich mich glücklich genug schätze, wenn er mir nicht zu oft und zu tückisch entrollt" (Nr. 13: 52). Mehr als alle anderen Gegenstände des Charakterstudiums bedarf ein solcher der methodischen Rechtfertigung. Denn es ist nichts weniger als selbstverständlich, daß es sich bei dem zunächst nur äußerlich-numerisch „vollendeten" Jahrhundert um einen wirklichen Gegenstand handelt, auch wenn dieser „sinnliche Abschnitt in den Begebenheiten des Menschengeschlechts ... von selbst die Betrachtung zu verweilen einladet" (GS II 20). Es bleibt denn auch bei der umfangreichen Einleitung, die bestimmt ist, „die Erfordernisse und Schwierigkeiten einer Charakteristik der Zeit überhaupt auseinanderzusetzen" (31).

Die Charakteristik einer historischen Epoche ist als Teil einer Charakteristik der Menschheit zu verstehen. Folglich muß sie einerseits von der „Idee der Menschheit", die „immer nur Eine ist", ausgehen. Andererseits aber ist ihr Ziel und ihre Grenze

Abb. 5: Alexander von Humboldt (14. 9. 1769–6. 5. 1859). Gemälde von Georg Friedrich Weitsch (1758–1828), 1806. Es zeigt den jungen und schon berühmten Gelehrten nach der Rückkehr von seiner großen Amerikareise (1799–1804) vor einer idealisierten Tropenlandschaft mit den Insignien des Naturforschers.

gerade nicht diese „intensive idealische Grösse", sondern der „extensive mögliche Umfang des Charakters der Menschheit, der alles, was je aus menschlichen Anlagen und Neigungen entsprang, umschliesst" (II 3). In diesem extensiven Sinn aber ist die „Menschheit", wie jede Gattung und jeder Begriff, „ein nie vollendeter... ein unendlicher Gegenstand" (42); die Vielfalt der individuellen Gestalten in ihr ist unerschöpflich. Diese unerschöpfliche Vielfalt gründet in der Unendlichkeit der Individuen selbst. „Denn seiner wesentlichen Beschaffenheit nach ist jeder Charakter nothwendig unendlich; keine Kraft schreibt sich selbst einen Stillstand in ihrer Entwicklung vor" (56). So ist das Charakterstudium weder rein spekulativ noch rein empirisch. Es wird vielmehr „bemüht seyn, sich durchaus auf ächte und wahre *Erfahrung* zu stützen, und ist daher im eigentlichsten Verstande praktisch" (50).

Auch historisch wird das neuartige Unternehmen eingeordnet, und zwar zunächst mit der Feststellung: „Unter allen Studien sind wenige bisher so sehr vernachlässigt worden, als das Studium menschlicher Charaktere" (II 52), und zwar auch dort, wo man anderes erwarten würde. Moralisten, wie Theophrast und seine französischen Nachfolger, beschreiben nur einzelne Charakterzüge; Geschichtsschreiber gehen in der Regel zu wenig auf die Individualität der handelnden Personen ein; nur die modernen Dichter, vor allem Shakespeare, malen Charaktere vorzüglich, aber sie analysieren sie nicht (vgl. 52 ff.). Man müßte wohl alles drei in einem sein.

Was aber heißt ‚Charakter'? Angesichts der Bedeutung, die Humboldt dem Charakterstudium zumißt, überrascht es nicht, daß er seinen Gebrauch dieses Wortes vom „gewöhnlichen Sprachgebrauch" abgrenzt (II 55), der ihm in zweierlei Hinsicht zu eng erscheint. Zum einen werde das Wort oft nur „auf die Sitten und die Gesinnungen" der Menschen bezogen, so daß das Individuum durch vieles andere zu charakterisieren sei als durch seinen Charakter; zum anderen werde Charakter überhaupt häufig mit einem starken Charakter gleichgesetzt, so daß man auch von charakterlosen Individuen sprechen könne. Demgegenüber begreife eine „philosophische Theorie der Menschenkenntniss", wie er sie hier zu entwickeln versuche, „unter dem Charakter alle diejenigen Eigenthümlichkeiten zusammen, welche den Menschen, als ein physisches, intellectuelles und moralisches Wesen betrachtet, sowohl überhaupt, als auch insbesondre einen von dem andern auszeichnen" (ebd). Diese Bestimmung enthält dreierlei: (a) Sie umfaßt alle Bereiche der menschlichen Natur und unterscheidet sowohl (b) den Menschen als solchen von anderen Wesen als auch und „insbesondere" (c) den einzelnen Menschen von allen anderen Menschen. Gegenstand der Charakterkunde sind mithin individuelle Gestalten, deren „Eigenthümlichkeit" sich nur durch ihre je besondere Lage in Relation zu anderen individuellen Gestalten bestimmen läßt. „Das ganze Geschäft der Menschenbeobachtung besteht daher in der zwiefachen Bemühung, die unterscheidenden Merkmale eines Subjects vor dem andern aufzusuchen, und aus ihnen die Natur eines jeden herzuleiten" (56). Nicht die (in aller Bestimmung von etwas als etwas stets vorausgesetzte) Identität, sondern die Summe der bestimmten unaufgehobenen Differenzen macht den Charakter aus.

Bei der Frage nach dem Charakter einer Individualität, betreffe sie nun einen einzelnen Menschen, eine Nation oder eine Epoche, geht es um seine Verschiedenheit. Humboldt muß also versuchen, den Grund oder doch wenigstens den Ort möglicher Charakterverschiedenheit der Menschen aufzufinden. Vorausgesetzt bleibt, daß alles Wirkliche Kraft ist und daß es die menschliche Kraft ist, die den Menschen zum Menschen macht. Die Verschiedenheit kann also „nicht auf einer Verschiedenheit der Kräfte an sich" beruhen, „da hierin die ganze Menschheit sich durchaus gleich ist". Ebensowenig aber kann sie „auf dem absoluten Grade derselben" beruhen. Denn der Grad, in dem sich eine Kraft äußert, ist abhängig von den Umständen, die sie zur Äußerung reizen. Er zeigt also nur den Zustand, nicht aber den Charakter eines Individuums (vgl. II 56–59). Die Verschiedenheit der Charaktere „kann demnach nur", das ist zumindest die Lösung, zu der Humboldt sich hier genötigt sieht und deren Tragfähigkeit er in den Charakterstudien der Pariser Zeit erprobt, (a) auf dem „Verhältniss" und (b) auf der „Bewegung der Kräfte" beruhen (59).

Das Verhältnis der menschlichen Kräfte erreicht niemals ein vollkommenes Gleichgewicht. Vielmehr zeigt sich, daß „die Natur immer eine überwiegende Kraft begünstigt", während die „bildende Vernunft" lediglich ausgleichend zu wirken vermag. So wird die entscheidende Frage bei der Bestimmung eines Charakters diejenige nach seiner „herrschenden Seite" sein (59 f.). Auch läßt sich das charakteristische Verhältnis der Kräfte weniger an einzelnen Äußerungen als vielmehr an der Art ihres Zusammenspiels erkennen. „Da der Charakter in einer fortwährenden Thätigkeit ist, so verändert sich mit jedem Augenblick das Verhältniss seiner Fähigkeiten. Daher ist jede Schilderung, die von der *Beschaffenheit* der Kräfte hergenommen wird, immer insofern falsch, als sie einen Stillstand voraussetzt, der in der Natur nirgends vorhanden ist. Dagegen giebt die *Thätigkeit* des Bestrebens, mit welcher ein Mensch in seinen Gedanken, Empfindungen und Handlungen fortschreitet, ein der Wirklichkeit getreueres Bild seiner Individualität" (61).

Diese Leitgedanken ersetzen eine schlechtere Methode des Charakterstudiums durch eine bessere. Doch es bleibt eine Methode, die der Natur der Sache nicht angemessen ist; und Humboldt weiß das: „Man würde sich indess auch zugleich gänzlich von dem Wege einer richtigen Naturbeobachtung entfernen, wenn man dasjenige, was nur als eine zwiefache Ansicht Einer und ebenderselben Sache abgesondert wird, auch an sich in der Natur getrennt glauben wollte. Nur weil in dem menschlichen Charakter eine bestimmte Kraft in einer gewissen Art, gleichsam einem gewissen Rhythmus wirkt, scheint es bequem jenen Stoff und diese Form jedes für sich zu betrachten. An sich sind beide vollkommen Eins und lassen sich gegenseitig aus einander erklären" (II 62, vgl. 94). Mit ganz ähnlichen Worten wird Humboldt später die methodisch unvermeidliche Zergliederung der Sprache in ihre ‚Bestandteile' und ihr ‚Verfahren' oder die anatomische und die physiologische Betrachtungsweise in der Sprachwissenschaft zu relativieren versuchen (vgl. VI 146 f.). Zusammenfassend kann er daher feststellen: „Was sich in der

Seele des Menschen bewegt, seine Gedanken, Empfindungen, Neigungen und Entschlüsse, und wie, in welcher Folge und Verknüpfung sie wirken, sind also die Punkte, worin sein Charakter besteht – das Verhältniss und die Bewegung seiner Kräfte, zugleich und in Eins gedacht" (II 69).

Aus der allgemeinen Erörterung über den Charakter leitet Humboldt vier Grundregeln der Charakterschilderung ab:

(1) Der Charakter ist nach „seinem innern Zusammenhange, nicht aber nach seiner äussern Tauglichkeit zu diesem oder jenem Zwecke" zu beurteilen, auch nicht nach seinen Werken. „Nur was wir sind, ist vollkommen unser Eigenthum, was wir thun, hängt von dem Zufall und den Umständen ab" (II 69).

(2) Die Seelenkräfte, die den Charakter ausmachen, sind „nach der Art ihrer Entwicklung und ihrer Thätigkeit (genetisch)" zu schildern, um „mehr den *Gang* als das *Resultat* ihrer Ausbildung und ihrer Wirksamkeit" zu ermitteln (72f.).

(3) Jede Charakterschilderung muß vom Äußeren und den Äußerungen ausgehen und nur von hier aus nach und nach zur „innern Beschaffenheit des Charakters" übergehen (75). Das ist eine „Kunst", die „Talent" und „Genie" erfordert (77).

(4) Eine letzte Regel betrifft die besondere und zu Humboldts Zeit viel diskutierte Frage nach dem Wert der Physiognomie. Gegen den Optimismus derer, die glauben, aus äußeren Erscheinungen ein inneres Wesen berechnen zu können, wendet er ein: „Man darf die physische und physiognomische Beschaffenheit eines Subjects niemals geradezu als eine Erkenntnisquelle für den innern Charakter betrachten". Der entscheidende Fehler der Physiognomen liege darin, daß sie versuchen, die Physiognomik „von einer Kunst ... zu einer Wissenschaft zu erheben .... Alles, was sich der mathematischen Methode nur von fern nähert, tödtet den Geist der ächten praktischen Physiognomik" (78f.).

Die genannten Regeln gelten für alle Arten von Charakterschilderung. Sie wurden im Bemühen um eine „philosophische Theorie der Menschenkenntniss" aufgestellt, ihre Geltung ist jedoch nicht auf den Menschen beschränkt. Sie wenden sich eher an die Einbildungskraft als an den Verstand (64); ihr Produkt ist ein „Charaktergemählde" (84, vgl. 95), keine Theorie; ihr möglicher Gegenstand alles Individuelle, Wirkliche, Gegebene: die Welt, in der wir leben. Als charakterlos wären demgegenüber lediglich die abstrakt allgemeinen Begriffe der Mathematik zu bezeichnen. So erweist sich das Charakterstudium im Sinne Humboldts als eine kritisch reflektierte Form der Weltweisheit: Reaktion auf die kritische Einsicht, daß von der inneren Natur der Dinge eine wissenschaftliche Erkenntnis nicht möglich ist.

Mit den letzten Bemerkungen ist deutlich geworden, welcher Stellenwert dem Charakterstudium im Denken Humboldts zukommt. Es ist für ihn nichts Geringeres als die nach der Kantischen Kritik der menschlichen Erkenntnisfähigkeit verbleibende Methode „der Erforschung der Wahrheit" „philosophischer Gegenstände" (II 87). Zu diesen aber zählt alles, was wirklich ist, im Gegensatz zu den konstruierten Gegenständen der Mathematik. Kant hat gezeigt, daß wissenschaftliche Erkenntnis der wirklichen Dinge nur in bezug auf dieselben, als Erscheinungen betrachtet, und nur ‚so viel, als darin Mathematik anzutreffen ist', möglich sei (vgl. u. S. 93 f.). Humboldt akzeptiert dieses Resultat uneingeschränkt, nur zieht er andere Konsequenzen daraus als Kant:

Was wir nicht wissenschaftlich erkennen können, ist deshalb nicht nichts, auch nicht für unser wahrheitsuchendes Denken. Wenn Erkenntnis auf Wissenschaft beschränkt und Wissenschaft auf Mathematik reduziert werden soll, dann muß man zur ‚Erforschung der Wahrheit' eben Wege gehen, die außerhalb des wissenschaftlichen Erkennens liegen; so etwa könnte man Humboldts eher diplomatische als fachmännische Reaktion auf die philosophische Problemlage der Zeit beschreiben. Die Differenz ist zunächst nur eine Frage der Terminologie. Man kann natürlich auch anders auf die Kantische Herausforderung reagieren. Hegel etwa erweitert den Begriff der Wissenschaft derart, daß sie das mathematische oder Verstandesdenken als ihr eigenes Moment enthält. Humboldt dagegen läßt Erkenntnis und Wissenschaft sein, was sie sind, oder genauer, als was sie im Rahmen der Kantischen Vernunftkritik zu verstehen sind – die mathematische Beschreibung des in der Erscheinung Gegebenen. Und er selbst betreibt etwas anderes – Charakterkunde, später Sprachkunde, eine Erforschung der individuellen Verschiedenheiten. Damit verschreibt er sich einem Studium, das sich nach Kant, methodisch betrachtet, von „Schwärmerei" kaum unterscheiden läßt, weil man, wie er meint, aus den sich hier eröffnenden Aussichten „schlechterdings nichts machen kann" (Kant an Schiller, 30. März 1795).

Humboldt sieht einen solchen Gegensatz nicht. Er will sich mit seinem Unternehmen nicht gegen Kant abgrenzen, sondern wendet sich gerade im Sinne Kants gegen den Erkenntnisoptimismus vorkritischer Metaphysik: „Keine Art der Behandlung philosophischer Gegenstände ist der Erforschung der Wahrheit nachtheiliger, als wenn man das wahre und ursprüngliche Wesen der Dinge übersieht und dasjenige, was in seiner wahren Gestalt schlechterdings nicht erkannt werden kann, mit Begriffen ausgemessen und erschöpft zu haben wähnt" (II 87). Für philosophische, d. h. wirkliche Gegenstände gilt allgemein, was Humboldt hier über seinen besonderen Gegenstand, den Menschen, sagt: „Der Mensch ist mehr und noch etwas anders, als alle seine Reden und Handlungen, und selbst als alle seine Empfindungen und Gedanken". „Bis auf einen gewissen Punkt lassen sich alle Plane und Raisonnements eines Menschen ohne grosse Schwierigkeit entwickeln und auseinanderlegen; kommt man aber dahin, wo der Gedanke oder der Entschluß zuerst entstand, so befindet man sich auf einmal wie an den Gränzen einer unbekannten Welt... Und doch sind es gerade diese ersten Triebfedern, diese innern Kräfte, die das eigentliche Wesen des Individuums ausmachen und ursprünglich alles in Bewegung setzen". Der „innere, verborgene Charakter", „der vielleicht lange schlummert, aber dann, wenn die Gelegenheit sich darbietet, auch plötzlich rege wird", kann weder im voraus berechnet, noch im nachhinein erklärt werden. Gerade die Unberechenbarkeit und Unerklärlichkeit gewisser und generell aller ursprünglichen Erscheinungen, alles Neuen in der Geschichte, „führt uns nothwendig auf eine innere und ursprüngliche Kraft in ihm [dem Menschen], die sein eigentliches Ich, seinen wahren Charakter ausmacht" (88 f.). In klarem Bewußtsein der Unerreichbarkeit ‚wissenschaftlicher‘ Erkenntnis des Wirklichen, sieht Humboldt doch den möglichen Erfolg und zugleich den Reiz und den Nutzen einer keineswegs ‚schwärmerischen‘ Erforschung der Kräfte der Natur, die unsere Kenntnisse zu erweitern und uns Genuß auf dem Wege solcher Erweiterungen zu verschaffen vermag.

Humboldts Charakteristik erweist sich damit als eine neue Art und Weise, auf die Frage zu antworten, was etwas ist. Bei ihm selbst ist die allgemeine durch eine besondere Frage motiviert: was ist der Mensch? Die traditionelle Form, auf solche Fragen zu antworten, ist die Definition. Gesucht werden allgemeine Begriffe: Gattung und spezifische Differenzen. Das aber genügt nicht mehr, und zwar nicht nur wegen der durch Leibniz herausgestellten prinzipiellen Unabschließbarkeit einer Definition wirklicher Begriffe, sondern mehr noch deshalb, weil die Fülle möglicher Verschiedenheiten in der Einheit eines Begriffs zum Thema seiner Bestimmung geworden ist: Ist ein Begriff als wirklich gesetzt, dann ist seine Einheit *vorausgesetzt,* aber als eine Einheit, die in der Fülle ihrer Erscheinungen zunächst noch verborgen ist; nur gefühlt, noch nicht deutlich bestimmt. Charakteristik ist die Suche nach der inneren Einheit oder der Natur dieser so ‚durch das Gefühl‘ oder ‚unmittelbar‘ als zusammengehörig vorausgesetzten Vielfalt von Erscheinungen. Und genau diese ‚natürliche Einheit‘ ist, wie Humboldt (im Blick auf den Menschen) sagt, „die primitive Kraft, das ursprüngliche Ich, die mit dem Leben zugleich gegebne Persönlichkeit" – alles Bestimmungen der Leibnizschen Monaden. Auch nach Humboldt ist es diese innere und letztlich unerklärliche Kraft, auf der „die Freiheit des Menschen" beruht; sie ist „sein eigentlicher Charakter" (II 90).

Alles, was uns in der Erscheinung gegeben ist, ist als *Wirkung* innerer Kräfte zu deuten. Das ist die metaphysische Voraussetzung der Charakteristik. Humboldt äußerst sich nicht explizit oder gar ausführlich zu Fragen nach derjenigen Metaphysik, die seiner Charakteristik zugrunde liegt. Aber die Art und Weise, wie er traditionell bestimmte Termini der Metaphysik gebraucht, läßt seine eigenen Ansichten deutlich werden. Voll verständlich aber werden sie erst aus einem expliziten Rekurs auf die Tradition der neuzeitlichen Philosophie, ihre Problemstellungen und ihre Entwicklung. Auf welche Begriffe also gründet sich Humboldts Metaphysik, die seine Charakteristik als philosophische Methode nötig, sinnvoll und durchführbar erscheinen läßt?

2. Metaphysik der Natur

a) Descartes und Leibniz

„Daseyn, von Energie beseelt, ist *Leben*" (GS I 333). Um einen solchen Satz verstehen zu können, muß man wissen, daß für Humboldt im Anschluß an Leibniz alles Dasein von Energie beseelt ist: was wirklich ist, ist wirkend. Schon in diesem Gedanken kommt eine kritische Abkehr von den Anfängen der neuzeitlichen Naturphilosophie zum Ausdruck, von einer mathematischen Physik, die *more geometrico* den göttlichen Bauplan der Welt zu rekonstruieren versucht. Die Position Humboldts in dieser kritischen Tradition ist von besonderer Bedeutung für das Verständnis seines Denkens und soll, da sie bisher nicht die Beachtung gefunden hat, die ihr gebührt, etwas ausführlicher nachgezeichnet werden.

In den *Principia philosophiae primae,* Teil I, die Metaphysik betreffend, unterscheidet *Descartes* zwei höchste Arten von geschaffenen Dingen: res intellectuales und res materiales, Körper und Geist. Beiden Arten von Dingen liegt je eine Substanz zugrunde: substantia cogitans bzw. substantia corporea. Jede der beiden Substanzen hat eine Haupteigenschaft, die ihr Wesen und ihre Natur ausmacht. Wesen und Natur des Körpers ist allein die Ausdehnung; alles andere, was wir an Körpern unterscheiden können, läßt sich auf die verschiedenen Modi der Ausdehnung, auf Größe, Figur und Bewegung, zurückführen. Daraus aber folgt, daß im ganzen Universum nur eine Art von Materie existiert und daß alle Veränderungen der Dinge allein von der Bewegung ihrer Teile abhängen.

Nun hat sich die Unterscheidung zwischen res extensa und res cogitans aus einer Reflexion auf unser Denken, genauer auf die Ideen (Vorstellungen) als den Inhalten unseres Denkens ergeben. Sie war die erste reflexionsphilosophische Antwort auf die erstmals in dieser Weise, nämlich reflexionsphilosophisch, gestellte Frage des Denkens nach seinen eigenen Möglichkeiten und Grenzen: Wer denkt, wenn ich denke? Nun – ich natürlich. Aber wer bin ich, der ich denke? Etwas substantiell anderes als mein Körper. An uns selbst also erscheint jene Unterscheidung als diejenige zwischen uns selbst als Geist (mens) und einem zu diesem Geist gehörigen Körper.

Die Notwendigkeit dieser Antwort kann hier nicht begründet werden. Niemand konnte sie ernsthaft bezweifeln, sie erschien im Moment absolut zwingend. Aber sie erzeugte neue Probleme. Inwiefern ist dieser Körper der unsrige? Wie kann ein (z.B. unser) Geist einen (z.B. unseren) Körper bewegen? Die Frage nach dem Zusammenhang von Körper und Geist, nach einer möglichen Wechselwirkung zwischen beiden, ist fortan das große Problem des Cartesianismus. Doch dieses spezifisch cartesianische Problem ist nur der Spezialfall eines umfassenderen Problems. Die geometrische Physik Descartes' läßt nicht nur unerklärt, wie ein Geist eine Bewegung in der körperlichen Natur verursachen könne (d.h. wie es möglich sein soll, daß *ich meinen* Arm hebe), sondern allgemein, wie besondere Bewegungen überhaupt entstehen können. Die Frage nach dem Ursprung der Bewegung ist damit zum Grundproblem der neuzeitlichen Physik und Meta-Physik geworden.

Epochemachend für die weitere Entwicklung des Gedankens und besonders wichtig im Blick auf Humboldt ist die Leibnizsche Antwort auf die Cartesische Herausforderung. *Leibniz* entwirft seine Physik unter dem Namen einer neuen Wissenschaft. Er nennt sie *Dynamik,* d.h. Bewegungslehre oder Lehre von den Kräften (dynameis), genauer von den ‚lebendigen‘ Kräften. Mit diesem neuen Namen und Begriff für die Mechanik kritisiert er Descartes, dessen Physik er als eine Mechanik ‚toter‘ Kräfte oder als Statik interpretiert. Mechanische Experimente führen Leibniz zu der Überzeugung, daß die Gesetze der

Bewegung nicht allein aus den geometrischen Bestimmungen der Ausdehnung zu berechnen sind. Jedenfalls fühlt er sich aufgrund seiner Beobachtungen zu dem Schluß berechtigt, „daß es in körperlichen Dingen etwas außer der Ausdehnung, ja sogar vor der Ausdehnung gibt, ... und zwar jene vom Schöpfer der Natur überall eingegebene Kraft, die ... mit einem Streben oder Drang (conatus sive nisus) ausgestattet ist, der seine volle Wirkung hätte, wenn er nicht von einem entgegengesetzten Streben gehindert würde" (*Specimen dynamicum,* I, 1). Damit wird die schon nach Descartes selbst nicht wahrnehmbare Substanz der körperlichen Dinge von Leibniz als Kraft bestimmt.

Ist die Cartesische Ausdehnung von Natur aus Eine, die unendlicher Einteilung fähig ist, so ist die Leibnizsche Kraft von Natur aus vielfältig: *Eine* Kraft wäre keine *Kraft,* denn sie hätte keinen Widerstand. Jede Kraft aber ist individuell bestimmt: sie kann nur hier und jetzt wirken. Folglich gibt es unendlich, zumindest unabsehbar viele Kräfte, jede eigentümlich und anders modifiziert. Aufgrund dieser Interpretation der Substanz als Kraft wird die Verschiedenheit des Seienden anstelle seiner Gleichheit zum zentralen Thema der Metaphysik. Bislang suchte man die Einheit in der Vielfalt (alles Verschiedene ist Eins); vom neuen Begriff dieser Einheit *ausgehend* (Alles ist Kraft), sucht Leibniz das Verschiedene im Gleichen: die Verschiedenheit der lebendigen Kräfte.

‚Wirklichkeit' kommt dabei allein den einzelnen oder individuellen Substanzen zu, doch ist diese Substantialität nun nicht mehr nur bloße Möglichkeit (realitas als facultas essendi oder possibilitas cognoscendi), sondern immer zugleich Ursache des erscheinenden Seins (causa phaenomenorum). ‚Erscheinung' ist also nicht wie bei Kant eine erkenntnistheoretische, sondern eine metaphysische Bestimmung. Was erscheint, ist als Erscheinung ‚bewirkt', und zwar durch eine Kraft, die selbst nicht erscheint, die sich aber in ihrer Erscheinung ‚wirklich' manifestiert. Die Erscheinungen sind damit als effectus verstanden, als Wirkungen nicht erscheinender Ursachen, eben der Kräfte. Der oberste metaphysische Grundsatz der Physik als der Lehre von den wirklichen Dingen dieser Welt ist folgerichtig der Satz vom zureichenden Grund (principium rationis sufficientis): Alles, was in der erscheinenden Natur geschieht (oder alles, was wirklich ist), hat einen zureichenden Grund.

Durch eine aus physikalischen Gründen notwendige Fundierung der Phänomene der Bewegung in realen Kräften kehrt Leibniz damit von der Physik zurück zu einer anderen Metaphysik: ‚Wahre Atome der Natur' sind die nicht wahrnehmbaren Substanzen, die er Monaden (Einheiten) nennt und deren Vielheit er voraussetzt. Nach dem Begriff der Substanz müssen die Monaden unveränderlich, nach den Bedingungen der Dynamik müssen sie die Ursachen ihrer Erscheinungen sein. Leibniz bestimmt sie daher als zwar geschaffene, aber ursprüngliche (primitive) Kräfte. Statt Kraft würden wir heute eher Energie sagen. Denn diese Substanzen sind Kräfte, die von Natur aus immer wirken, die nur insofern oder so lange etwas Wirkliches sind, als sie wirken, und nichts wären, wenn sie nicht wirkten. Während in den Phänomenen jeder Aktion eine Reaktion entspricht, jeder Tätigkeit ein Leiden (wobei aber diese Unterscheidung selbst immer relativ bleibt), ist in den wirklichen Dingen oder Substanzen nur Wirklichkeit, nur Tätigkeit, nur Aktivität. Auch Reaktion und Gegenwirkung, die erscheinende Passivität von etwas als sein Erleiden einer Einwirkung von anderem ist (in Wahrheit oder substantiell betrachtet) eine Tätigkeit. Alle Veränderung ist im Wesen der individuellen Substanz als Moment ihrer eigenen Entfaltung angelegt. Denn strenggenommen enthält jede Monade das ganze Universum auf ihre Weise, jede ist ein individueller Blickpunkt, der das Universum mehr oder weniger deutlich spiegelt und mit der Zeit entfaltet. Alles, was einer Monade ‚widerfährt', ist vor aller Zeit mit ihr als ihr Wesen geschaffen worden, nichts tritt jemals von außen hinzu. In der Terminologie der zeitgenössischen Diskussion heißt das: Es gibt keinen influxus (Einfluß) zwischen Substanzen; in der traditionellen Ausdrucksweise von Leibniz: Die Monaden haben keine Fenster, die Sinne sind nicht die Tore der Seele.

Das cartesianische Problem einer Wechselwirkung zwischen Körper und Geist wird in zwei Schritten gelöst: Erstens werden beide Seiten als Realität und Erscheinung, als Ursache und Wirkung unterschieden, die Körper also entsubstantialisiert. Zweitens werden die so Unterschiedenen durch die zusätzliche Annahme einer prästabilierten Harmonie von neuem verbunden. Dieser Annahme zufolge besteht ein exaktes Korrespondenzverhältnis zwischen der Wechselwirkung der Körper (communicatio motuum) und den Aktionen der Substanzen. Und nur diejenigen Phänomene (oder Vorstellungen) gelten als wohl fundiert, die die substantiellen Kräfte repräsentieren.

Auf diese Weise wird das Leib-Seele-Problem, das Skandalon der cartesianischen Metaphysik, in der Tat gelöst. Allerdings erscheint die Lösung auf ihre Weise von neuem skandalös: Problematisch ist nicht so sehr der im 18. Jahrhundert, etwa von Voltaire, so heftig kritisierte metaphysische Optimismus, der ohnedies nicht originell ist, den Leibniz mit der These von der besten aller möglichen Welten nur etwas pointierter formuliert als andere. Viel problematischer ist die Fensterlosigkeit der Monaden. Denn sie bedeutet, daß alle Wechselwirkung nur Schein ist, daß in Wahrheit nichts von etwas anderem etwas erleiden oder erfahren kann; daß die Zahl und das Schicksal der Monaden von Anbeginn an festliegen. Nach Leibniz geschieht nichts Neues in dieser Welt, die nur in Raum und Zeit, d. h. phänomenal, entfaltet, was in Ewigkeit beschlossen ist.

b) Kant

Die nächste einschneidende Epoche in der Entwicklung der hier erörterten Probleme wird durch Kant markiert, und auch diese Epoche ist im Blick auf Humboldt von besonderer Bedeutung. *Kant* entwickelt seine späten *kritischen* Gedanken zur Naturphilosophie in den *Metaphysischen Anfangsgründen der Naturwissenschaft* von 1786. Danach gibt es zwar keine Naturlehre ohne Metaphysik der Natur, aber, und darauf liegt der Akzent bei Kant, Wissenschaft im Rahmen der Naturlehre, also Naturwissenschaft, kann es nur soviel geben, „als darin *Mathematik* anzutreffen ist" (*Anfangsgründe*, Vorrede, A VIII). Die allgemeine Metaphysik der Natur als die Lehre von möglichen Gegenständen der Erkenntnis überhaupt oder von der Gegenständlichkeit des Gegenstands unserer Erkenntnis hat in der *Kritik der reinen Vernunft (KrV)* zu dem Ergebnis geführt, daß die Möglichkeit der Erkenntnis für uns auf Gegenstände beschränkt ist, die uns in der Anschauung gegeben sind. Deshalb setzt alle Naturlehre, auch eine mögliche Naturwissenschaft, eine spezielle Metaphysik der Natur oder nichtempirisches Wissen von empirisch Gegebenem voraus.

Aus historisch leicht nachvollziehbaren Gründen wird für die Naturwissenschaft der Begriff der Materie zugrunde gelegt, d.h. der Begriff einer körperlichen Natur als des allgemeinen Gegenstands der äußeren Sinne. Es hat sich nämlich herausgestellt, daß dieser Begriff der körperlichen Natur, im Gegensatz etwa zu dem der denkenden Natur als des Gegenstands des inneren Sinnes, mathematisch konstruierbar ist. Grundbestimmung des Begriffs der Materie aber ist die Bewegung im Raum, denn durch sie allein können die äußeren Sinne affiziert werden. Aufgrund dieser ersten metaphysischen Annahme ist Naturwissenschaft notwendig und durchgängig *Bewegungslehre*. Was Kant in den *Anfangsgründen* zu leisten verspricht, ist die metaphysische Deduktion des so bestimmten Begriffs der Materie. Da gemäß den Bestimmungen seiner allgemeinen Metaphysik der Natur jede derartige Deduktion dem Schema der Kategorientafel folgen muß, teilt sich die Naturwissenschaft in vier Abschnitte: Phoronomie (von griech. φορά, Bewegung), Dynamik, Mechanik und Phänomenologie.

Die *Phoronomie* erörtert die Materie als „das *Bewegliche* im Raume" (A 1). Sie erweist sich damit als „reine Größenlehre (mathesis) der Bewegungen" (A 18), wie die Mechanik Descartes', oder als Geometrie der Veränderungen in Raum und Zeit.

Die *Dynamik* erörtert die Materie als „das *Bewegliche*, so fern es einen *Raum erfüllt*", d.h. sofern es allem Beweglichen, das in diesen Raum „einzudringen bestrebt ist", widersteht (A 31). Diese Raumerfüllung als Widerstand der Materie setzt Kraft voraus. Daraus ergibt sich der erste Lehrsatz: „Die Materie erfüllt einen Raum ... durch eine *besondere bewegende Kraft*" (A 33). Die folgende Erläuterung nennt Anziehungskraft und Zurückstoßungskraft. Entscheidend aber ist der Zusatz: „Es lassen sich nur diese zwei bewegenden Kräfte der Materie denken" (A 35). Warum gerade diese Kräfte? Newton hatte sie eingeführt, war dafür jedoch heftig kritisiert worden: Er mußte ihre Wirkung in die Ferne und aus der Ferne annehmen. Leibniz sprach deshalb von qualitates occultae, dem Schrecken einer jeden aufgeklärt-rationalistischen Physik, die sich von der Naturmagie des Renaissancedenkens emanzipiert zu haben glaubte. Kant spielt selbst auf diesen Vorwurf an, weist ihn aber mit dem Argument zurück, daß man ohne die Annahme dieser Kräfte keinen Begriff gewinnen könne „von einer wirkenden Ursache und ihren Gesetzen, nach welchen die Wirkung, nämlich der Widerstand in dem erfülleten Raum, ihren Graden nach geschätzt werden kann" (A 42). Die Nützlichkeit also für die Berechnung (das Schätzen) der Bewegung rechtfertigt die Annahme dieser zwei ihrer Möglichkeit nach unerklärlichen dynamischen Grundkräfte der Materie. Ihre Annahme ist die Bedingung der Möglichkeit für eine Erkenntnis dynamischer Phänomene und damit für alle Wissenschaft von der Natur.

Ein tieferer Grund ihrer Unentbehrlichkeit wird in den folgenden Erläuterungen deutlich. Damit unsere Sinne Bewegung wahrnehmen können, müssen mindestens zwei Körper gegeben sein, denn alle Bewegung eines Körpers ist relativ auf den Raum, der nur durch einen anderen Körper gegenwärtig sein kann. Um aber überhaupt einen Körper im Raum von einem anderen unterscheiden zu können, muß ich innere Kräfte annehmen, nach welchen sich die Körper von sich aus gegeneinander bestimmen. Denn phoronomisch betrachtet, gibt es nur unendliche Teilbarkeit, keine wirkliche Teilung der Materie, mithin auch keine eigentliche Existenz eines Körpers, keine Substanz. Die res extensa ist ohne die zusätzliche Annahme von verschiedenen Kräften, die einander Widerstand leisten, nur Eine. Deshalb kann Kant auch die Repulsionskraft oder relative Undurchdringlichkeit der Materie als ihre *Realität*, die Attraktionskraft, die, könnte sie ungehindert wirken, alles Widerständige aufheben würde, als ihre *Negation* und die Einschränkung der ersten durch die zweite, die den Grad der Erfüllung des

Raumes bestimmt, als *Limitation* bezeichnen und auf diese Weise seine metaphysische Dynamik als transzendental gerechtfertigte Lehre von der Qualität der Materie ausweisen (A 80 f.).

Zwar sind Kräfte nicht wahrnehmbar. Nähmen wir aber keine an, dann könnten wir Materie als Gegenstand der äußeren Sinne nicht denken. Bewegende Kräfte werden also, nach Kant, „zur Möglichkeit des Begriffs von Materie für notwendig erklärt" (A 82). Das ist ihre transzendentale Rechtfertigung. Mit anderen Worten, wenn ich Materie bestimmen will, wie zuvor geschehen – und Materie ist ein empirischer Begriff, der in dieser Bestimmung gegeben ist: wir können nicht anders, als ihn so zu verstehen –, dann muß ich auch bewegende Kräfte, und zwar genau Repulsions- und Attraktionskraft, annehmen. Solche Annahmen sind gerechtfertigt, „wenn sie zu einem Begriff, von dem es erweislich ist, daß er ein Grundbegriff sei, der von keinem anderen weiter abgeleitet werden kann (wie der der Erfüllung des Raums), unvermeidlich gehören". Es sind dies dann zwar metaphysische Annahmen, aber, wie Kant sagt, „auf die Probe der Kritik gebrachte" Annahmen einer „methodisch-gebrauchten Metaphysik". Auf diese Weise werden weder, wie bei Descartes, „alle ursprüngliche Bewegungskräfte wegphilosophiert", noch illegitime Kräfte in die Natur hineinphantasiert (A 83 f.).

Die *Mechanik* setzt nach Kant Dynamik, mithin eine durch innere Kräfte qualitativ bestimmte Materie voraus. Sie beginnt daher mit einer nochmals erweiterten Bestimmung der Materie: „Materie ist das Bewegliche, so fern es, als ein solches, bewegende Kraft hat" (A 106). Sie besteht im wesentlichen aus drei Lehrsätzen, denen jeweils ein Grundsatz der allgemeinen Metaphysik, d. h. der transzendentalen Bestimmung eines Gegenstands unserer Erkenntnis überhaupt, zugrunde liegt. Von besonderer Bedeutung im Blick auf das Problem der inneren Kräfte ist das *Zweite Gesetz der Mechanik*, das dem „Grundsatz der Zeitfolge nach dem Gesetz der Kausalität" (*KrV*, Zweite Analogie der Erfahrung, B 232 ff.) entspricht und lautet: „Alle Veränderung der Materie hat eine äußere Ursache" (A 119). Die Ausführungen zu diesem Gesetz zeigen deutlich, daß der Materie als dem Gegenstand allein der äußeren Sinne aus methodischen Gründen in der Naturwissenschaft alle spezifischen inneren Bestimmungen abgesprochen werden. Dieses Gesetz nämlich wird näher erläutert als „das Gesetz der *Trägheit* (lex inertiae)" der Materie, und es „bedeutet nichts anders, als ihre *Leblosigkeit*" (A 120). Die inneren Kräfte der Materie als Materie, d.h. der leblosen Materie, Repulsion und Attraktion, sind allgemeine Kräfte. Sie sind in aller Materie gleichartig. Die Attraktion ist zudem überall gleich. Erst durch unterschiedliche Grade von Repulsion wird es möglich, einen Körper von einem anderen zu unterscheiden. Durch Repulsion allein gewinnt Materie Realität, kann die Natur als eine sich selbst einteilende, wenn auch nicht als eine sich selbst spezifizierende, angesehen werden. Auf dieser Allgemeinheit der inneren Kräfte der Materie als Materie verbunden mit dem Gesetz der Trägheit, das alle Veränderung der Materie auf äußere Ursachen zurückführt, „beruht die Möglichkeit einer eigentlichen Naturwissenschaft ganz und gar". Aus methodischen Gründen also und zum Zweck der Wissenschaft muß angenommen werden, daß die Natur leblos sei; die gegenteilige Annahme, der „Hylozoism", wäre „der Tod aller Naturphilosophie" (A 121).

Damit aber kann das Problem der Naturerkenntnis, um das es hier geht, auf eine denkbar knappe Formel gebracht werden: Entweder lebt die Natur oder – die Naturwissenschaft. In den *Anfangsgründen* aber geht es allein um Naturwissenschaft. Das Leben, das Kant hier traditionell als Selbstbewegung definiert (vgl. A 120), ist fürderhin kein möglicher Gegenstand der Erkenntnis mehr. Um ihrer Wissenschaftlichkeit willen sieht sich die Naturphilosophie genötigt, auch die Phänomene, die gewöhnlich als Phänomene des Lebendigen gelten, rein materiell zu deuten. In diesem Sinn stellt sich Kant in die cartesianische Tradition der neuzeitlichen Naturphilosophie.

Nun leugnet Kant bekanntlich nicht die Phänomene des Lebens. Auch ist er weit davon entfernt zu meinen, man könne diese Phänomene, wenigstens im Prinzip, mechanisch befriedigend erklären, wie das in vorkritischer mechanistischer Metaphysik gelegentlich angenommen wurde. Im Gegenteil, er weiß sehr wohl, daß man in der Naturlehre ohne die Annahme einer sich selbst spezifizierenden Natur, d.h. ohne teleologische Prinzipien der Naturerklärung, nicht viel ausrichten kann. Doch da besondere Zwecke der Natur nur empirisch gewonnen werden können, bleibt eine teleologische Naturerklärung bloß ‚Naturgeschichte‘ und kann niemals ‚Naturwissenschaft‘ werden. Die inneren Kräfte einer als lebendig angesehenen Natur sind spezifische Kräfte, aus ihnen läßt sich kein allgemeiner Begriff der Natur konstruieren.

Einmal spricht Kant davon, daß es die „vornehmste" Aufgabe der Naturwissenschaft sei, die „ins Unendliche mögliche *spezifische Verschiedenheit der Materien*" zu erklären (A 100). Zusammenfassend läßt sich dazu jetzt folgendes bemerken: *Descartes* löst diese Aufgabe wie Alexander den gordischen Knoten: Er leugnet die Verschiedenartigkeit, zumindest methodisch und für unsere Erkenntnis. Alle Dinge in Raum und Zeit sind von derselben Art, nämlich ausgedehnt, und nichts außerdem. *Leibniz* findet überzeugende Gründe, diese Ordnung genau auf den Kopf zu stellen. Er löst dieselbe Aufgabe dadurch, daß er die unendliche Vielfalt und Verschiedenheit der Dinge als von Anbeginn geschaffen, als unveränderlich gegeben ansieht. Doch auch diese Umkehrung der Cartesischen Lösung hat problematische Folgen. *Kant* löst das Leibnizsche Folgeproblem einer Harmonie ohne Kommunikation dadurch, daß er es eliminiert. Erkenntnis wird methodisch auf die Gegenstände der Erscheinung restringiert. Damit aber wird die Frage nach den spezifischen Verschiedenheiten in der Natur oder nach den inneren Kräften der Dinge aus der Wissenschaft verbannt. Die Naturwissenschaft überläßt ihre ‚vornehmste Aufgabe‘ der unwissenschaftlichen Naturgeschichte, die unter der Leitung der reflektierenden Urteilskraft nach besonderen Naturzwecken fragt, durch welche sich manche Erscheinungen ggf. befriedigender, wenn auch nur empirisch erklären lassen. Dieser Rückzug der Wissenschaft aus allen spezifischen oder historischen Fragen ist für viele Zeitgenossen ebenso unakzeptabel wie die Leibnizsche Hypothese der Harmonie, die zwar alle Erscheinungen im allgemeinen auf innere Kräfte zurückführt, dieses aber nur dadurch erreichen kann, daß sie ihre genaueste Entsprechung als in Gott begründet voraussetzt und jeden wirklichen Einfluß leugnet.

c) Herder

Ganz anders als Kant, darin für Humboldt und andere Zeitgenossen wegweisend, reagiert *Herder* auf diese Irritation der Leibnizschen Philosophie. Dazu noch einmal die Situation: Nach Descartes ist die Substanz der äußeren Natur Eine und überall dieselbe – res extensa, reine Äußerlichkeit. Das ist die metaphysische Grundlage aller mathematischen Naturwissenschaft. Nach Leibniz ist die Substanz der äußeren Natur – die innere Natur. Diese aber ist unendlich vielfältig: Subjekte, denen die Fülle ihrer Prädikate inhäriert; Kräfte, die immer tätig sind und niemals leiden. Mit Leibniz wird die Verschiedenheit und der Reichtum der Formen zum Thema der Metaphysik – ein Leitgedanke auch für Herder und Humboldt. Noch im Gewand der traditionellen Metaphysik und im wohlbestellten Garten der Theologie bahnt sich damit eine große Umwälzung an: die Auflösung der neuplatonisch-christlichen Ontologie. Das läßt sich an einem Spezialproblem illustrieren.

Eine naturphilosophische Folge der Ontologie ewiger Ideen oder Gattungen war die Präformationstheorie der Zeugung. Leibniz, der nicht nur politische, sondern auch philosophische Irreniker, schließt sich ihr demutsvoll an. Doch diese Demut ist listig. Ohne ihn zu kritisieren, dehnt er den Gedanken der Präformation auf die Ebene der Individuen aus und verkehrt damit seine Intention: Die scharfen Grenzen zwischen den Gattungen werden aufgelöst, die Gattungsbildung wird zu einem Problem des Grades. Dennoch bleibt die artenspezifische Präformationstheorie im 18. Jahrhundert, gerade auch mit Berufung auf Leibniz, vorherrschend (Haller, Bonnet). Das Revolutionäre des Leibnizschen Gedankens, das zunächst übersehen wurde, liegt in folgendem: Die Trennung der Arten in der göttlich präformierten Natur, durch welche die natürliche Ordnung der Dinge aufrechterhalten werden sollte, wird zwar nicht aufgehoben, aber ins Unendliche verfeinert: Alle Individuen sind voneinander verschieden. Durch Gottes Schöpfung wird nicht eine endliche Menge von Arten, sondern eine unendliche Fülle von Individuen präformiert. Alles, was ist, bleibt erhalten, nichts entsteht oder vergeht in der Natur.

Es ist diese konsequente, aber radikale und unendliche Vervielfältigung der eines vom anderen absolut isolierenden Schranken in der Natur, die den Leibnizianer Herder dazu provoziert, alle Schranken einzureißen. Er übernimmt die Monadenlehre und das Gesetz der Kontinuität, d. h. den Blick und die Begeisterung für Vielfalt und Reichtum der Formen. Aber er weigert sich, die Diskontinuität zwischen den Welten, zwischen Körper und Geist, innen und außen, Substanzen und Phänomenen anzuerkennen, und er wehrt sich gegen eine Metaphysik, die alle Kommunikation auf die Phänomene der Bewegung beschränkt, durch welche die innere Natur der Dinge nicht tangiert wird. Was sollen das für Kräfte sein, die weder wirken noch leiden können? Was sollen das für Wirkungen sein, die nicht durch Kräfte bewirkt und selbst zu wirkenden Kräften werden können?

Herders Gedanken zu diesen Fragen finden sich umfassend, klar und vergleichsweise knapp entwickelt in der Schrift *Vom Erkennen und Empfinden der menschlichen Seele,* Riga 1778, der dritten und letzten Fassung seiner Antwort auf eine entsprechende Preisfrage der Berliner Akademie vom Juni 1773 (Werke, hg. Suphan, VIII, 167–203). Dazu die folgenden Erläuterungen:

Das methodische Prinzip alles Erkennens ist für Herder die *Analogie.* Auch dieses Prinzip übernimmt er von Leibniz, doch wendet er es sogleich gegen dessen Trennung der inneren Kräfte von den äußeren Erscheinungen, indem er, wie Vico und Hamann vor ihm, auf den bildlichen Ursprung unserer Begriffe verweist. Wenn wir über die sogenannte tote Natur sprechen, sprechen wir von Schwere, Stoß, Fall, Bewegung, Ruhe, Kraft usw., aber niemand weiß, „was es, inwendig der Sache selbst, bedeute". Andererseits, je mehr wir die Natur „sinnend ansehn, desto weniger können wir umhin, überall *Ähnlichkeit mit uns* zu fühlen, alles mit unsrer Empfindung zu beleben" (169). So stehen am Ursprung aller Erklärungen der Natur „Bildwörter", von uns auf die Dinge übertragen, und meistens war es *„Ein* neues Bild, *Eine* Analogie, *Ein* auffallendes Gleichniß, das die grösten und kühnsten Theorien gebohren" – auch Newton, Buffon oder Leibniz wurden „wider Willen ... Dichter". Herder macht den Weltweisen nicht diese Bildersprache zum Vorwurf, sondern den Widerspruch, daß sie einerseits „gegen die Bildersprache deklamiren", während sie andererseits selbst „lauter alten, oft unverstandnen Bildgötzen dienen". Demgegenüber verteidigt er die poetische *„Analogie zum Menschen"*, die sich in der Bildlichkeit unserer Grundbegriffe zeige, als die einzig „menschliche Wahrheit": „Was wir wissen, wissen wir nur aus Analogie, von der Kreatur zu uns und von uns zum Schöpfer" (170).

Zum Grundbegriff einer ‚menschlichen' Naturbetrachtung in diesem Sinn wählt Herder den *Reiz.* Das deutsche Wort Reiz ist im 18. Jahrhundert zu einem Fachausdruck der Physiologie und Psychologie geworden, Herder selbst führt seinen terminologischen Gebrauch auf Haller zurück. Bei diesem und seither gilt der Reiz als die ursprünglichste Form lebendiger Kausalität. Auch nach Herder ist *Reiz Leben* (174). Oder anders, Leben zeigt sich ursprünglich im Phänomen des Reizes, d.h. durch eine Form von Kausalität, die mechanisch nicht erklärbar ist. Zwar gilt auch hier der Satz vom Grund, aber nicht mehr seine mechanistische Interpretation, die allein ihn zum Grundsatz aller mathematischen Naturbetrachtung gemacht hat: Grund ist nicht mehr ratio. Die äußeren Wirkungen stehen nicht unbedingt in einem berechenbaren Verhältnis zu ihren äußeren Ursachen. Wenn aber die mechanistische Interpretation des Satzes vom Grund bestritten wird, dann wird auch der Grundsatz der (durch Leibniz dynamisch erweiterten) mechanistischen Physik, der Grundsatz von der Erhaltung der Kraftmenge im Universum, bestritten. Und genau darauf kommt es Herder und später auch Humboldt an: Es werden (äußere) Wirkungen hervorgerufen, die größer sind als ihre (äußeren) Ursachen. So ergibt sich Raum für Neues, neue Individuen, neue Kräfte, die nicht mehr als Transformationen bestehender Kräfte zu verstehen sind. Herder spricht nicht darüber, hier zumindest nicht, daß Wirkungen auch kleiner sein können als ihre Ursachen, daß Kräfte, daß Individuen vergehen und ohne Nachhall verlöschen können. Dazu ist er, vielleicht, zu sehr in einer bestimmten theologischen Perspektive, im Glauben an einen Fortschritt in der besten aller möglichen Welten befangen. Stattdessen verfolgt er hier, wie besonders deutlich auch in seinem späteren berühmten Hauptwerk, den *Ideen zur Philosophie der Geschichte der Menschheit (Ideen)*, die natürlich auch Humboldt kannte (und bekanntlich wenig schätzte), den Aufstieg von den einfachsten und niedrigsten Formen des Reizes im pflanzlichen Organismus über den Muskelreiz im tierischen Körper bis zu Hunger und Durst, den „mächtigen Stacheln und Trieben" auch unseres Leibes (175 f.).

Zum Phänomen des Reizes wird zunächst nur festgestellt, daß es mechanisch nicht erklärbar sei. Im übrigen wird seine Unerklärlichkeit zugestanden. Da es aber zugleich unabweislich ist und offenbar das Bedürfnis besteht, sinnvoll über das Gegebene zu reden, wird eine menschliche Analogie vorgeschlagen, die es, wenn schon nicht erklärlich oder berechenbar, so doch zumindest verständlich machen soll. Ursprung dieser Analogie ist der menschlichste, der uns vertrauteste Reiz, derjenige, der in der Herderschen (oder traditionellen) Stufenfolge der Natur als der höchste erscheint und deshalb auch das Muster für alle anderen, von uns entfernteren, daher niedriger erscheinenden Reize abgibt – die *Liebe*. In der Steigerung zur Liebe als dem „tiefsten Reiz" oder dem „mächtigsten Hunger und Durst" wird die Bedeutung dieses Begriffs für den Versuch, das Neue in der Natur zu denken, erst vollends deutlich: „Daß sich zwei Wesen paaren, sich in ihrem Bedürfniß und Verlangen Eins fühlen; daß ihre gemeinschaftliche Regung, der ganze Brunn organischer Kräfte wechselseitig Eins ist und ein Drittes wird in beyder Bilde – welche Würkung des Reizes im ganzen lebenden Ich animalischer Wesen! ... Der Funke der Schöpfung zündet und es wird ein neues Ich, die Triebfeder

neuer Empfindungen und Reize, ein Drittes Herz schlägt"
(176).

An dieser zentralen Stelle, an der es um die Frage geht, wie
man die Entstehung des Neuen in der Natur verstehen könne,
das nach Leibniz undenkbar ist, folgt – man kann den komposi-
torischen Instinkt Herders nicht genug bewundern – die entscheidende und treffendste, beißend ironisch formulierte Kritik
des Leibnizianers Herder an der sich auf Leibniz berufenden
Schulmetaphysik seiner Zeit: „Man hat ‚über den Ursprung der
Menschenseelen‘ so sonderbar mechanische Träume gehabt, als
ob sie wahrlich von Leim und Koth gemacht wären. Sie lagen
geformt im Monde, im Limbus und warteten, ohne Zweifel
nackt und kalt, auf ihre prästabilirte Scheiden, oder Uhren, oder
Kleider, die noch ungebildeten Leiber; nun ist Gehäuse, Kleid,
Uhr fertig und der arme, so lang müßige Einwohner, wird mechanisch hinzugeführt, daß er – bei Leibe! nicht in sie würke,
sondern nur mit ihr prästabilirt harmonisch, Gedanken aus sich
spinne, wie er sie dort im Limbus spann, und sie, die Uhr des
Körpers, gleich ihm schlage. Es ist wohl über die Dürftigkeit
des Systems nichts zu sagen" (ebd).

Folgendes ist bei dieser literarisch formulierten philosophischen Kritik zu beachten:

1. Kritisiert wird nicht die Unwahrheit – woher sollte Herder
   ‚die Wahrheit‘ kennen? –, sondern die Dürftigkeit des Systems.
2. Das Kritisierte wird gleich eingangs als ein Traum bezeichnet
   und näher als ein mechanischer Traum charakterisiert.
3. Mitzuhören ist, daß Herder selbst der Schrift, die diese Kritik
   enthält, den Untertitel gibt: *Bemerkungen und Träume.*
   Weltweise sind Dichter, Träumer; und Herder nennt Leibniz, übrigens wohl nach einem Wort Friedrichs des Großen,
   gerne den „großen Erfinder des Monadenpoems" (z.B. 178).

Diese Verlagerung der Kritik von der Unwahrheit auf die Dürftigkeit geschieht wohlüberlegt und mit guten Gründen. Der
Erläuterung der „Schöpfungskraft" in der Natur durch den
„beseelten Funken des Reizes" läßt Herder eine methodische

Grundsatzbemerkung folgen: „Ich sage nicht, daß ich hiemit was *erkläre*; ich habe noch keine Philosophie gekannt, die, was Kraft sei, erkläre" – das tut auch Kant nicht, der vielmehr ausdrücklich die Unmöglichkeit einer solchen Erklärung bestätigt, obwohl er sich genötigt sieht, die Repulsionskraft aller Materie und sogar die in die Ferne wirkende Attraktionskraft anzunehmen. „Was Philosophie thut, ist *bemerken,* unter einander *ordnen, erläutern,* nachdem sie Kraft, Reiz, Würkung schon immer *voraussetzt* .... Wer mir sagt, was Kraft in der Seele sei und wie sie in ihr würke; dem will ich gleich erklären, wie sie außer sich, auch auf andre Seelen, auch auf Körper würke, die vielleicht nicht in der Natur durch solche Bretterwände von der Seele (ψυχη) geschieden sind, als sie die Kammern unsrer Metaphysik scheiden" (177f.). Wenn ich schon innere Kräfte annehmen muß, die ich nicht erklären kann, um in der Natur etwas als etwas bestimmen und etwas von anderem unterscheiden zu können, dann, so argumentiert Herder, erscheint es nicht nur legitim und zweckmäßig, sondern sogar geboten, eine der Vielfalt der verschiedenen Wirkungen entsprechende Vielfalt von Kräften anzunehmen. Man muß sich dabei nur streng durch die Erfahrung leiten lassen. Ganz wie auch Kant fordert, darf man keine inneren Kräfte nach Laune und Willkür erdichten, sondern nur solche annehmen, „die zu Erklärung der Wirkungen ... zulangen" (Kant, *Anfangsgründe,* A 104) und deren Begriff allein „von der Wirkung hergenommen ist" (Kant, *Teleolog. Prinz.,* A 129). Herder betreibt also Naturgeschichte im Sinne dessen, was Kant in der *Kritik der teleologischen Urteilskraft* auch tut. Nur kann er den Vorrang einer Naturwissenschaft, die unter dem Gesichtspunkt der Berechenbarkeit ihrer Resultate ausschließlich mechanisch argumentiert, vor einer Naturgeschichte, die von vornherein teleologisch fragt, wenn auch in kritisch reflektierter Einstellung, nicht anerkennen. Vielmehr verkehrt er diese Rangfolge unter dem Gesichtspunkt des Reichtums der Resultate. An die Stelle der rationalen Psychologie der Schulphilosophie, die Herder nicht weniger scharf, wenn auch aus anderen Gründen als Kant ablehnt, tritt eine eher physiologisch zu nennende Psychologie, die, was der

Mensch sei, durch möglichst umfängliche historische Studien zu ergründen sucht. Diese Studien sind historisch und nicht metaphysisch, insofern die inneren Kräfte, von denen wir annehmen, daß sie das, was wir erfahren, hervorrufen, dunkel sind und bleiben. Ihre Wirkungen aber sollen sich in dem zeigen, was für uns in der Erfahrung jeweils als unmittelbar erscheint und von dem aus alles Erkennen seinen Anfang nehmen muß. Daß wir in das Dunkel der Ursachen kein Licht zu bringen vermögen, wird nicht als Mangel gedeutet. Auch hier waltet, nach Herders Traumvisionen, die weise und fürsorgliche Mutter Natur. Wir können nur im nachhinein feststellen, daß diese Fürsorge für uns – ,lebensdienlich' ist: Dieser Terminus Nietzsches trifft genau und erhellt vorzüglich die umständlichen Ausführungen Herders über die menschliche Natur. „Trefflich auch", so schreibt er, daß „die tiefste Tiefe unsrer Seele mit Nacht bedeckt ist!... sie steht auf einem Abgrunde von Unendlichkeit und weiß nicht, daß sie darauf stehe; durch diese glückliche Unwissenheit steht sie fest und sicher" (a. O., 185). Das in der Physiologie gewonnene Bild von der lebendigen Kausalität des Reizes wird nun durch Analogie auf die höheren Seelenkräfte übertragen, zu deren Wahrnehmung uns die Lehren der traditionellen Psychologie befähigen und einladen: auf Empfindung, Einbildung, Denken. Herder hält die radikale Trennung zwischen den körperlichen Bedingungen der Seele und einem unkörperlichen Denken in ihr für eine ebenso unnatürliche wie entbehrliche Hypothese und setzt dagegen, auch dies in Übereinstimmung mit Hamann, daß „Erkenntniß", „Vortrag" und „Styl" eines Menschen, „er sei Dichter oder Philosoph", durch die Einbildungskraft bestimmt werde (190). Diesen Gedanken verallgemeinert er: Wie die einzelnen Reize zu einer Einheit der Empfindung gebündelt werden, wie die ständig fließenden Empfindungen der verschiedenen Sinne in der Einbildungskraft zusammenströmen, so werden die vielfältigen Bildungen dieser Kraft ihrerseits wieder gestaltet und geformt durch das Denken, den Begriff. Die höhere Einheit ist zwar stets aus dem Früheren, dem weniger Geformten geworden, zugleich aber formt sie es, ist gar nichts anderes als ein solches Formgeben. Bildlich, in seinem Sinn mithin ursprünglich gesprochen, nennt Herder die Seele oder ihre höchste Kraft die „Monarchin, die in uns denket und will, so daß ihr Alles zu Gebote steht, ... was [ist] natürlicher, als daß sie über die herrsche, *ohne die sie nicht das wäre, was sie ist?*" (192). Die Bildung einer höheren Einheit ist, wiederum ist hier ein Begriff Nietzsches erhellend, der Ausdruck eines ‚Willens zur Macht' und nichts außerdem; d.h. dieser Wille gehört keiner unabhängig von seinem Ausdruck existierenden Substanz an. Das neue Leben, die neue Organisation übermächtigt das Frühere, immer auch schon Organisierte und formt es zu einer höheren Einheit, die nur von dem Neuen her verständlich wird, so als sei alles andere auf es hin geordnet gewesen und für seine Zwecke geschaffen worden.

Das Denken kann in dieser Sicht weder als rein spontan noch als rein rezeptiv verstanden werden. Es ist Reflexion: „die Seele *erkennet,* daß sie *empfinde*" (193); „sie muß die Reize, die Sinne, die Kräfte und Gelegenheiten brauchen, die ihr durch eine glückliche, unverdiente Erbschaft zu Theil wurden" (194). Die Reflexion des Denkens ist für Herder gewissermaßen der Schlußstein des Ganzen, der allen zuvor erörterten Teilen und Kräften erst ihren Sinn gibt, sie „menschlich, gut und nützlich" macht und alle als „Aeusserungen Einer und derselben Energie und Elasticität der Seele" verstehen läßt. Verliert die Seele ihre Energie und Elastizität und damit ihre ordnende Kraft, so degenerieren auch die einzelnen Teilkräfte, analog dem lebendig organisierten Körper, der sich auflöst, sobald das Leben entweicht: „die Einbildung (wird) Blendwerk, der Witz kindisch, das Gedächtniß leer, der Scharfsinn Spinnweb" (196).

Herder macht wirklich ernst mit diesem Versuch einer physiologischen Deutung des Geistes. Kerngedanke seines Deutungsversuchs bleibt der Anfang beim lebendigen Reiz, der gewissermaßen das Urphänomen der als lebendig angesehenen Natur darstellt. Die höheren Sinne zeichnen sich gegenüber den einfachen Reizen dadurch aus, daß sie in die Ferne wirken und aus der Ferne leiden können, und zwar mit Hilfe eines je spezifischen Mediums. Auch das Bewußtsein, die höchste Kraft der

Seele oder die feinste Blüte der körperlichen Natur, bedarf eines solchen Mediums, durch welches es geweckt und geleitet, bestimmt und begrenzt wird. Dieses Medium aber ist die Sprache.

Als Medium des Denkens war die Sprache bekannt. Doch sie galt nur als Medium der Mitteilung des für sich selbständigen Denkens, vielleicht noch, mit Hobbes etwa, als das Medium des Festhaltens und Erinnerns des Gedachten, gewissermaßen als ein Archiv für Gedanken, wie die Schrift als ein Archiv für Worte angesehen werden kann. Doch hier ist mehr gemeint. Herder ist sich der Neuigkeit dieser Ansicht offenbar bewußt – sie könnte ihm von seinem Freund und Lehrer Hamann eröffnet worden sein –, wenn er schreibt: „Ich glaube (meiner vorigen Meinung ziemlich zuwider), daß würklich ein solcher Stab der Aufweckung unserm *innern Bewußtseyn* zu Hülfe kommen muste, als das Licht dem Auge, daß es sehe, der Schall dem Ohr, daß es höre" (197). Erst durch Sprache, die von außen kommt, wird Vernunft in uns lebendig. Das Kind „*lernt* sprechen wie es sehen lernt, und genau dem zu Folge denken". Daraus folgert Herder weiter, daß das Erkennen nicht nur „aus Empfindung werde", wie er zuvor entwickelt hat, sondern außerdem noch „durch einen Wink zu uns kommen" müsse, „der uns erkennen *lehre*" (197 f.). Dieses Angewiesensein auf das gegebene Wort, die demütigende Einsicht in die ursprüngliche Unselbständigkeit des Denkens, nicht etwa aufgrund der äußeren Umstände unserer Vernunft, durch welche sie in ihren Körper wie in ein Gefängnis eingesperrt wäre, sondern aufgrund der Vernunft selbst ihrer eigenen Natur nach bezeichnet den Gipfelpunkt einer physiologischen Psychologie. Herder spricht hier im vollen Sinn des Wortes von der „*Geburt unsrer Vernunft*", die „den Weisen unsrer Welt so unanständig [ist], daß sie sie ganz verkennen und ihre Vernunft als ein eingewachsenes, ewiges, von allem unabhängiges, untrügliches Orakel verehren". Er weiß, daß man darüber nicht streiten kann. „Laß sie reden und ihre Bildwörter anbeten: sie wissen nicht, was sie thun". Sein eigenes Credo beschließt diesen Gedanken: „was ich bin, bin ich geworden. Wie ein Baum bin ich gewachsen: der Keim war da; aber Luft, Erde und alle Elemente, die ich nicht um mich satzte, musten beitragen, den Keim, die Frucht, den Baum zu bilden" (198).

Die Abhandlung Herders schließt mit einer Erörterung des Wollens, der notwendigen Frucht des Erkennens; beide sind nur *„Eine Energie* der Seele" (199). Folglich sind auch beide nicht nur bedingt durch die jeweiligen Umstände und von außen geweckt, angeregt, geleitet, sondern zugleich ganz innerlich, selbsttätig und frei. Die Freiheit des Handelns ist sogar die letzte und eigentliche Erklärung für die Unerklärlichkeit der Reaktion des Lebendigen auf den Reiz. Kein Reiz determiniert mit Notwendigkeit, auch wenn er, je tiefer sein Schema einverleibt ist, je stärker er durch Gewohnheit zur zweiten, d.h. zur lebendigen sich selbst bestimmenden Natur geworden ist, mit bewundernswerter und quasi-mechanischer Regelmäßigkeit zu wirken scheint. Die Freiheit, losgelöst von solchen Banden vorgestellt, ist ein leerer Gedanke. Wirkliche Freiheit will herausgefordert sein: „Da ists", schreibt Herder, „wahrlich der erste Keim zur Freiheit, fühlen, daß man *nicht* frei sei, und an *welchen* Banden man hafte?" (202). In Übereinstimmung mit Hamann und gegen den aufgeklärten Geist der Zeit beruft er sich hier auf Luther: „Wo Geist des Herrn ist, da ist Freiheit" – die fünfte und letzte Stufe der Herderschen scala naturae, deren Aufbau man folgendermaßen zusammenfassen kann:

> Wo Widerstand sich zeigt, ist Kraft.
> Wo Gereiztes reagiert, ist Leben.
> Wo Gefühl sich äußert, ist Empfindung.
> Wo Widerspruch sich artikuliert, ist Denken.
> Wo Geist des Herrn ist, da ist Freiheit.

3. Geschlecht und Genie

Es ist zwar gewiß nicht falsch, vielleicht aber zu wenig, wenn man sagt, Humboldts Studien zur Anthropologie wurzelten in der eben skizzierten Tradition der neuzeitlichen Naturphilosophie. Vielmehr gibt es Grund zu der Annahme, daß sich sein Denken insgesamt aus naturphilosophischen Problemstellungen heraus entwickelt hat. Insbesondere stützt es sich auf die physiologisch motivierte Abkehr vom Primat mechanischer Kausalität (Herder) und die transzendentalphilosophisch begründete Abkehr von der Substanzmetaphysik (Kant). Humboldts Einstieg in die naturphilosophische Problematik vollzieht sich in der Form eines Versuchs, die inneren Kräfte der als lebendig angesehenen Natur näher zu bestimmen. Seine Methode ist weder die der logischen Analyse von Begriffen, wie sie von den zünftigen Philosophen betrieben wird (Leibniz, Kant), noch die der historischen Konstruktion von Ursprungstheorien, wie sie unter den philosophischen Literaten üblich geworden ist (Rousseau, Herder), sondern die einer, wie er sie selbst charakterisiert, ,vergleichenden Anthropologie' oder einer, wie man in Anklang an Hegel sagen könnte, ,Phänomenologie der Natur'. Anthropologie ist, wenn man den Begriff weit genug faßt und ihn nicht in die Grenzen einer wissenschaftlichen Disziplin einschließt, das Thema der Zeit.

a) Die Horen-Aufsätze

Humboldt beginnt die Suche nach dem inneren Gestaltungsprinzip der lebendigen Kräfte, mithin der Natur selbst, nicht ,von unten', beim einfachen Reiz des organischen Körpers, sondern ,von oben', bei der geschlechtlichen Liebe als der entwickeltsten Form des Reizes in der organischen Natur. Der „Unterschied der Geschlechter" ist für ihn der Ort, an dem die „individuellen Unterschiede" der natürlichen Kräfte „auf die auffallendste Weise sichtbar" sind. Und in einer grundsätzlichen Wendung fügt er hinzu: „Bei allem aber, was sich auf Naturbeobachtung gründet, ist es ein Haupterforderniss einer guten Methode, jeden einzelnen Punkt gerade da aufzusuchen, wo er sich am sichtbarsten zeigt" (Nr. 3: I 400). Schon bald aber muß er erkennen, daß er mit der Befolgung dieser Methode, wenigstens im vorliegenden Fall, seine Leser überfordert hat.

Humboldt liegt sehr viel an dieser Grundlegung seiner anthropologischen Gedanken. Sorgfältig ausgearbeitet, werden sie im ersten Band von Schillers *Horen* (1795), einer neuen und ebenso anspruchsvollen wie kurzlebigen literarischen Monats-schrift, anonym veröffentlicht: *Über den Geschlechtsunter-schied und dessen Einfluss auf die organische Natur* (GS I 311–34) – das Thema klingt unüberhörbar im Titel des späteren Hauptwerks nach: *Über die Verschiedenheit des menschlichen Sprachbaues und ihren Einfluss auf die geistige Entwicklung des Menschengeschlechts.* Der Text wird schlecht aufgenommen – das Thema ist zu ‚interessant‘, um nicht von der Sache abzulen-ken, für die es als Beispiel dienen soll –, und Humboldt möchte nicht gerne daran erinnert werden.

Aus der Distanz von fast zweihundert Jahren und im Rück-blick auf eine Tradition der naturphilosophischen Problemstel-lung, wie sie im vorigen Kapitel skizziert wurde, läßt sich die Bedeutung dieser Schlüsselschrift Humboldts heute vielleicht eher ‚enträtseln‘, als das für Kant und andere Zeitgenossen möglich war. Es geht um den Versuch einer Charakterisierung der ‚männlichen‘ und der ‚weiblichen‘ Kraft auf dem Weg einer Bestimmung ihres Unterschieds. Dabei verwendet Humboldt eine Reihe von in diesem Kontext gebräuchlichen Begriffspaa-ren. Man wird seinem Anliegen jedoch nicht gerecht, wenn man das Augenmerk auf diese uns teilweise fremd oder gar anstößig gewordenen Unterscheidungen richtet. Denn die Aussage liegt gerade nicht in den Bestimmungen und ihren Zuordnungen selbst, die ebensosehr die zeitgenössischen Anschauungen leiten wie sie herrschende Vorurteile tradieren. An diese Bestimmun-gen knüpft er vielmehr nur an, um sich verständlich zu machen, ähnlich wie er in einem zweiten Aufsatz zu diesem Thema (*Über die männliche und weibliche Form,* ebenfalls 1795 in den *Horen* erschienen: GS I 335–69) griechische Göttergestalten zum Ausgangspunkt nimmt, um eigens diejenigen Leser anzu-sprechen und zu gewinnen, die sich, wie er selbst, in der olym-pischen Welt zu Hause fühlen. Die Aussage beider Aufsätze aber liegt in einer eigenwilligen, durchaus originellen Deutung und Bewertung der gegebenen Bestimmungen und Gestalten. – In sieben Punkten soll das Humboldtsche Anliegen vorgestellt werden.

(1) *Universalisierung des Geschlechtsbegriffs.* Der Text be-

ginnt mit einer Kritik der gewöhnlichen, aber beschränkten Ansicht, daß der Unterschied der Geschlechter nur ein notwendiges Mittel zur Fortpflanzung sei und weiter keine Bedeutung habe. In Anspielung auf die Kantische Rede vom „Antagonism" der gesellschaftlichen Anlagen des Menschen (*Idee zu einer allgemeinen Geschichte in weltbürgerlicher Absicht*, Vierter Satz), den er auf die ganze Natur ausdehnt, hält Humboldt jener Ansicht entgegen: „Die Natur wäre ohne ihn nicht Natur, ihr Räderwerk stände still, und sowohl der Zug, welcher alle Wesen verbindet, als der Kampf, welcher jedes einzelne nöthigt, sich mit seiner, ihm eigenthümlichen Energie zu wafnen, hörte auf, wenn an die Stelle dieses Unterschiedes eine langweilige und erschlaffende Gleichheit träte" (GS I 311). Die erwähnte Langeweile ist logischer Art. Eine geschlechtslos gedachte Natur hat keinen eigenen Trieb. Ohne die bestimmte Entgegensetzung der Geschlechter läßt sich nur ziellose Bewegung erkennen, keine Tätigkeit, keine Produktion. Von Natur aus könnte, nach diesem Begriff von ihr, nichts Neues entstehen.

So findet denn auch der Begriff des Geschlechts in der Erklärung der Natur erst dort seine Grenze, wo wir diese nicht mehr als von ihr selbst her sich darstellend begreifen können. Jenseits dieser Grenze vergeht die sich selbst organisierende Natur in der äußerlichen Einteilung des Verstandes, dem sie nur noch als totes Material erscheint. Ihre Bestimmtheit muß als von außen gesetzt gedacht werden, sie selbst als ein Mechanismus von kraftlosen Figuren, die, einmal angestoßen, träge in der mitgeteilten Bewegung verharren. Und noch bleibt unbegreiflich, wie antriebslose Gebilde eine Mitteilung überhaupt sollen empfangen und aufnehmen, einem Anstoß von außen mit Widerstand begegnen können. – Kurz, die Differenz, genauer die Entgegensetzung, erscheint als das allgemeine Prinzip der Bewegung in der Natur.

(2) *Bildung und Verbindung von Gegensätzen.* Einerseits gilt (nach dem Leibnizschen principium identitatis indiscernibilium), daß alle Dinge in der Natur, alle wirklichen Individuen *verschieden* sind (Gleichheit gibt es nur in der Mathematik). Andererseits können keine zwei Dinge in der Natur, als Indivi-

duen betrachtet, *Gegensätze* sein. Zum Gegensatz wird Verschiedenes erst im Blick auf eine höhere Einheit, unter der als seiner Gattung sich das einzelne als einseitig und als seinem anderen entgegengesetzt erfährt. Durch die Übung einer individualisierenden Kraft zur *Einseitigkeit* gebildet, fühlt es den Drang, die Schranken der eigenen Individualität zu überwinden, das Bedürfnis nach Verbindung oder *Vielseitigkeit*. Ein solcher Antagonismus oppositionsbildender Kräfte enthält nun genau diejenigen Merkmale, „welche der Geschlechtsbegriff in sich fasst". „In seiner völligen Allgemeinheit" aufgefaßt, ist dieser nach der Definition Humboldts daher „nichts anders, als eine so eigenthümliche Ungleichartigkeit verschiedener Kräfte, dass sie nur verbunden ein Ganzes ausmachen, und ein gegenseitiges Bedürfniss, diess Ganze durch Wechselwirkung in der That herzustellen" (I 312). Die Herausbildung von Gegensätzen, diese Diskriminierung in der gleichgültigen Mannigfaltigkeit des Anderen, ist hier angesehen als der Ursprung aller spezifischen Bewegung in der Natur oder als die sich selbst spezifizierende Tätigkeit wirklicher Kräfte. In der Sprachphilosophie wird sie als der die Starrheit der Kontradiktion von Ich und Nicht-Ich aufbrechende Gedanke einer ‚Spontaneität in der Wahl des Du' wiederkehren (vgl. u. Teil V, 4. b).

(3) *Ort der philosophischen Frage*. „Von dem zauberähnlichen Wirken dieser zahllosen Kräfte erstaunt, verzweifelt der menschliche Geist, je in diess heilige Dunkel zu dringen" (GS I 312). Bekanntlich steht das Erstaunen am Anfang der Philosophie. Aristoteles ist erstaunt über die anschauliche Gegebenheit der irrationalen Zahl, die Absurdität des conceptus surdus, Humboldt über die Bildung und Verbindung von Gegensätzen in der Natur, die sich nirgendwo offenkundiger zeigt als im Unterschied der Geschlechter. Damit aber ist das Problem des Werdens, näher die Frage nach dem Entstehen des Neuen in der Natur oder, allgemeiner, nach dem Entstehen von etwas überhaupt ins Zentrum des philosophischen Interesses gerückt. Nicht mehr der Mathematiker, der mit Begriffen rechnet (wie Hobbes oder Leibniz), sondern der Arzt, der sich auf die Kunst der Beobachtung versteht, wird zum Leitbild erhoben. Oder,

wie Herder sich ausdrückt, der „Schüler der Natur" ist „des Philosophen Lehrer" (*Ideen* VII, 3). Damit aber wird schließlich die Frage nach dem Geschlechtsunterschied zu einer Grundfrage der Philosophie. Denn über sie allein kann man hoffen, zur „innren Beschaffenheit der Wesen" vorzudringen.

In den natürlichen Begebenheiten lassen sich, wenn denn sowohl innere als auch äußere Ursachen als wirksam angesehen werden (und das war die von Herder übernommene Voraussetzung), die Anteile beider nicht auseinanderdividieren. Die Verbindung der Geschlechter aber, diese Überwindung der spezifischen Opposition zweier Wesen, geht ganz „aus der innren Beschaffenheit der Wesen hervor". Denn „was sich mit einander vereinigt, trägt in seinem Wesen selbst das Bedürfniss dieser Vereinigung" (I 313). In der Aufhebung des Gegensatzes durch Vereinigung zeigt sich, was jedes für sich gewesen ist, denn eines empfindet und erzeugt im anderen ein Wesen von eigener gleicher Art. Auf diese Weise kann ein Individuum, soweit das überhaupt möglich ist, den „verborgenen Charakter" seiner selbst in einem anderen „erspähen" (ebd).

Der Unterschied der Geschlechter dient hier zum Modell für alle Verschiedenheiten in der Natur, die in dem Maß erkannt werden können, in dem die Kräfte des Erkennenden glücklich gestimmt sind. Dadurch daß der Geist die Tätigkeiten von Verstand und Phantasie verknüpft, lernt er, die „sinnliche Gestalt der Gegenstände" als einen „Spiegel" für deren „innere Beschaffenheit" zu gebrauchen. Das gilt vorzüglich von Gegenständen, denen er sich verwandt fühlt – nach dem alten Grundsatz, daß Gleiches von Gleichem erkannt werde –, insbesondere also vom Menschen. Sprach Herder von einer „Semiotik" der Seele (*Ideen* VII, 4), so verweist Humboldt hier auf die „unverkennbare Schrift", mit welcher der Körper die moralische Natur des Menschen darstelle. Denn – in diesem Grundsatz spricht sich seine Skepsis gegenüber jedem vor- oder außerlogischen Dualismus aus – es ist „unläugbar, dass die physische Natur nur Ein grosses Ganze mit der moralischen ausmacht, und die Erscheinungen in beiden nur einerlei Gesetzen gehorchen" (GS I 314). Das sagt der Kantianer Humboldt, der im gleichen Zusammenhang von „diesen beiden völlig ungleichartigen Reichen" spricht (ebd). Denn er weiß, daß auch dieser letzte Gegensatz als ein Gegensatz wieder nur im Blick auf eine tiefere Einheit oder die ‚gemeinschaftliche Wurzel' beider *gedacht* werden kann.

(4) *Wechselwirkung und Relativität der Gegensätze.* Humboldt erläutert die sich wechselseitig bestimmende und ergänzende Ungleichheit der Geschlechter näher durch vertraute Begriffspaare wie Form und Stoff, Einheit und Fülle, Verstand und Phantasie, Energie und Dasein. Paare dieser Art zeichnen sich dadurch aus, daß jedes ihrer Glieder allein durch die ihm entgegengesetzte Entsprechung ist, was es ist. Nun realisiert sich die Gattung zwar nur auf einseitig bestimmte Weise. Da aber jedes Individuum ein selbständiges Ganzes ist, müssen in ihm allein schon beide Seiten des Gegensatzes vereinigt sein. Wenn auch die eine Kraft vorherrschend sein mag, kann doch die andere nicht fehlen. Überall müssen „Wirkung und Rückwirkung verbunden" sein (I 319).

„Denn auf der Wechselwirkung allein", so heißt es weiter, „beruht das Geheimniss der Natur" (I 312). Doch diese Wechselwirkung ist verstanden als eine Wechselwirkung nicht zwischen allen Kräften in gleicher Weise (Attraktion und Repulsion), sondern zwischen solchen, die sich in *spezifischer* Weise anziehen und abstoßen. Angezogen wird, was „reichere Fülle" für eine „neue Einheit" verspricht, derart, daß das Verknüpfte „wiederum Theil eines grösseren Ganzen" wird. Was Form war, wird Stoff; was Ganzes, Teil; nichts ist „bloss bildend oder gebildet" (ebd). Diese Wechselwirkung sieht auch Humboldt auf allen Stufen, in allen Ringen der ‚goldenen Kette des Seins': als abstrakte und allgemeine Kräfte von Attraktion und Repulsion in der deshalb leblos genannten Natur, als Wahlverwandtschaften in der chemischen, als Assimilation in der vegetabilischen, als Reproduktion in der sensitiven – und schließlich auch als freie Schöpfung, als Erkennen und Anerkennen in der moralischen Natur (vgl. 314f.).

(5) *Analyse der Erzeugung.* Nun gehören zu jeder Wirkung zwei Ursachen, die früher schon als innere (Natur) und äußere

(Lage) unterschieden wurden. Entsprechend ist nach Humboldt „auch jede Zeugung eine Verbindung zweier verschiedener ungleichartiger Principien, die man, da die einen mehr thätig, die andern mehr leidend sind, die zeugenden (im engern Verstande des Worts) und die empfangenden nennt" (I 316). Im Erzeugenden selbst, aus dessen *Stimmung* die Zeugung hervorgeht, müssen sich also diese beiden Prinzipien unterscheiden. Die Erzeugung erfordert daher „eine doppelte, eine auf Wirkung und eine andre auf Rückwirkung gerichtete Stimmung, und diese ist in derselben Kraft und zu gleicher Zeit unmöglich. Hier nun beginnt der Unterschied der Geschlechter" (319).

Es folgen ausführliche Schilderungen der männlichen und der weiblichen Kraft in den erwähnten traditionellen Begriffspaaren, mit denen Humboldt nichts Neues, sondern lediglich das Vertraute auf schöne Weise zu sagen beabsichtigt (was ihm jedoch, da die Worte das Einverständnis, um das sie werben, voraussetzen müssen, nicht wohl gelungen ist). Wichtiger ist folgender allgemeiner Zusatz, der sich aus logischen Gründen eigentlich von selbst versteht, aber vielleicht nicht allgemein geläufig ist: „Indess besteht dieser Unterschied [der Kräfte] nur in der Richtung, nicht in dem Vermögen. Denn wie die thätige Kraft eines Wesens, so auch seine leidende, und wiederum umgekehrt ... Ohne auch in tiefere Beweise einzugehen, sehen wir im Menschen immer Selbstthätigkeit und Empfänglichkeit einander gegenseitig entsprechen" (319 f.). Was sich bei den gewöhnlichen Begebenheiten in der Natur als ein Zusammenwirken von innerer Kraft und äußerer Lage darstellt, spitzt sich in der Verbindung der Geschlechter zum Antagonismus zweier gleichartiger, sich suchender und in einer momentanen Stimmung genau entsprechender Kräfte zu. Aus solchen Verbindungen entsteht Neues von der gleichen Art, Erhaltung und Wiedererzeugung des Lebens. Diese Erzeugung ist das große Gegenmittel des Endlichen gegen die Endlichkeit und die Beschränktheit der Dinge: die ‚Geburt im Schönen'(τόκος ἐν καλῷ) als das ewig sich erneuernde Werk des Eros, des dämonischen Mittlers, des Sprößlings von Mangel und Überfluß, von Sehnsucht und Erfüllung, durch welchen alles Sterbliche nach

Unsterblichkeit strebt – wie Diotima den jungen Sokrates, den Meister in eroticis, belehrt (Platon, *Symposion* 206 b–e).

Im Geist der Naturphilosophie des 18. Jahrhunderts erweitert Humboldt diesen ihm vertrauten und teuren Gedanken auf das gesamte ,Räderwerk' der natürlichen Kräfte: „Die Natur, welche mit endlichen Mitteln unendliche Zwecke verfolgt, gründet ihr Gebäude auf den Widerstreit der Kräfte" (GS I 322). Im Gegensatz zu Platon aber findet Humboldt ,Genuß' in diesem Antagonismus. Er kultiviert die ,Verschiedenheit' der Kräfte und fordert nicht zu ihrer Überwindung auf, verweigert sich dem platonischen Traum von einer Erlösung des Denkens in der ewigen Ruhe des Schönen selbst. Das endliche Ziel ist jedoch bei Humboldt das gleiche wie bei Platon: der Kampf des Lebendigen (als des Liebenden) gegen die Macht der Zeit, die Auflösung, Untergang und Vergessen wirkt (vgl. o. S. 49). Denn während „das Streben der Natur" im allgemeinen betrachtet „auf etwas Unbeschränktes gerichtet" ist (311), zielt „alles Beschränkte", mithin alles Natürliche, im einzelnen betrachtet „auf Zerstörung" (322). Schon die tote Materie erfüllt ihren Raum, indem sie anderer Materie widersteht, auch Lebendiges erhält sich und wächst notwendig auf Kosten des anderen. Erst in der Verbindung der Geschlechter verkehrt sich die Vernichtung des einen durch das andere zur gegenseitigen Belebung beider und erfüllt sich in der Erzeugung einer neuen selbständigen Kraft.

Die Erhöhung des Einzelnen wird also nicht durch eine Überwindung seiner Einzelheit (und zugleich der der anderen) erstrebt wie bei Platon, der sich der Hybris, die in diesem Streben liegt, allerdings bewußt ist, sondern in der Begegnung des einen mit dem anderen. Ist die Verschiedenheit der Kräfte Voraussetzung für eine solche Begegnung, so ist die Gleichwertigkeit beider Seiten von nicht minderer Bedeutung. Die Verschiedenheit ist nämlich nicht eine des Grades, sondern der Gattung, des Charakters oder der Richtung (I 320, 325). „Beide, Zeugen und Empfangen, sind ... ein Hervorbringen durch Geben und Aufnehmen" (325). Auf jeder der Seiten selbst sind Rezeptivität und Spontaneität verbunden, „und die Verschiedenheit liegt allein in der Art, wie beide gegenseitig gestimmt sind" (329). In der Beschreibung dieser Stimmungen folgt Humboldt den aus der Tradition geläufigen Entsprechungen, vermeidet aber jede Hierarchisierung und betont die in sich reflexive Natur beider Seiten. So spricht er nicht von Tun und Leiden, sondern von Einwirkung und Rückwirkung (319); Selbsttätigkeit *und* Empfänglichkeit sind *hervorbringende* Kräfte. Paare wie Form und Stoff, Einheit und Mannigfaltigkeit, Kraft und Fülle erinnern an die Zweiheit aller Ursachen, die sich auf die innere Natur und die äußeren Umstände verteilen. Auch Seele und Körper, Vernunft und Phantasie sind vertraute Analoga des Unterschieds zwischen der männlichen und der weiblichen Form, deren traditionelles Subordinationsverhältnis Humboldt jedoch mit Nachdruck zu einer tätigen Wechselwirkung umdeutet.

Besonders deutlich tritt die Gleichwertigkeit beider Seiten an dem Begriffspaar *Trennung* und *Verbindung* (326ff.) hervor, durch welches die beiden Operationen bezeichnet werden, die auch schon nach Platon gemeinsam die logische Natur des Denkens ausmachen. „Da nun das eine Geschlecht jene, das andre diese mehr begünstigt, so befördern beide, indem sie einander entgegenwirken, gemeinschaftlich die wunderbare *Einheit* der Natur, welche zugleich das Ganze aufs innigste verknüpft, und das Einzelne aufs vollkommenste ausgebildet zeigt" (I 327f.). Ohne Vorbild dürfte hingegen die Charakterisierung des Geschlechtsunterschieds durch das zugleich für Humboldt selbst charakteristische Begriffspaar Licht und Wärme sein (327; vgl. dazu J. Trabant, Nr. 91: 15ff.).

(6) *Entstehung des Neuen in der Natur*. „Bei allem Erzeugen entsteht etwas vorher nicht Vorhandenes. Gleich der Schöpfung, ruft die Zeugung neues Daseyn hervor, und unterscheidet sich nur dadurch von derselben, dass dem neu Entstehenden ein schon vorhandener Stoff vorhergehen muss" (I 315). Erzeugen in der Natur ist nach dieser ausdrücklichen Analogie Schöpfung, aber nicht aus dem Nichts, sondern aus der Fülle des Gegebenen. Denn jeder vorhandene Stoff ist bereits geformt, nur Geformtes kann zum Stoff einer neuen Form werden. Irdisches Erzeugen ist daher Überformung: ‚Transformation', wie

117

Leibniz sagt; nicht aber als Reformation eines Selben, sondern als Efformation eines anderen, eines Neuen, einer „unabhängigen Kraft des Lebens" (ebd). – Die Rede von der Formation aber kann die Ungleichartigkeit und Selbständigkeit beider Seiten noch nicht hinreichend zum Ausdruck bringen. Humboldt verwendet daher noch eine andere Terminologie: „Denn wie die Zeugung von Seiten des Erzeugten Erweckung ist, so ist sie von Seiten des erzeugenden Wesens nur eine augenblickliche Stimmung" (316): Be-Stimmung und Erweckung, das ist die Schöpfung als ‚eine Rede an die Kreatur durch die Kreatur‘, wie Hamann sagt.

Bezeichnend ist die Erläuterung dessen, was diese Erzeugung nicht ist: keine mechanische Bildung, folglich auch nicht im voraus berechenbar; „keine Weisheit" vermag ihre Wege „vorzuschreiben" (I 316). Mit anderen Worten, die Vorstellung einer alles bewirkenden ersten Ursache oder eines alles vorauswissenden Schöpfers erscheint nicht nur nicht mehr als eine notwendige, sondern umgekehrt als eine unvernünftige, eine widersprüchliche Hypothese. Der Gott der Philosophen hat (wieder einmal) seine Gestalt verändert; er ist menschlicher geworden.

(7) *Geistige Zeugungskraft.* Die Analogie der physischen mit der moralischen Natur, die im Gedanken den „feinsten und letzten Sprössling der Sinnlichkeit" erblickt, erstreckt sich nach Humboldt auch auf die Erzeugung des Neuen: „Die geistige Zeugungskraft ist das Genie" (I 316). Auch in der schöpferischen Tätigkeit des Geistes sind Selbsttätigkeit und Empfänglichkeit „beide gleich geschäftig", und dasjenige, dessen das Genie „sich einzig bewusst ist, ist gerade die Vermählung dieser ungleichartigen Naturen" (317). Was durch das Genie entsteht, „gleicht", wie Humboldt weiter ausführt, „einem eigenen Wesen für sich mit eignem organischen Leben". Doch es ist kein natürliches Leben, denn es gehört, wenn es denn etwas Neues ist, keiner bekannten Gattung an, ist mit nichts Wirklichem gleichartig, folgt keinem schon gegebenen Gesetz. Hier folgt Humboldt den Ausführungen Kants über das Genie (*KdU*, § 46), indem er hinzufügt: „Durch seine Natur schreibt es Ge-

setze vor". Das gelingt jedoch nur, wenn es Anerkennung findet, wenn es mit der Regel „zugleich den Sporn sie zu üben" mitzuteilen vermag. „Denn jedes Werk des Genies ist wiederum begeisternd für das Genie, und pflanzt so sein eignes Geschlecht fort" (I 317). Gelingt ihm das nicht, so kann man erläutern, dann ist sein Produkt nicht genial gewesen, sondern „originaler Unsinn" (*KdU* § 46) – unverständlich, unwirklich. Anders gesagt, die Wirklichkeit des Neuen im Reich des Geistes ist seine Verständlichkeit für andere. Diese entscheidet darüber, ob das Erzeugte überhaupt etwas ist oder nicht vielmehr nichts.

b) Vergleichende Anthropologie

Der Schlußsatz des Textes lautet: „So gehorcht daher die Natur derselben Gottheit, deren Sorgfalt schon der ahndende Weisheitssinn der Griechen die Anordnung des Chaos übertrug" (GS I 334). *Eros* ist der Ursprung der wirklichen Bewegung sowie Prinzip des endlichen Denkens. Es ist dies der platonische Eros, insofern nämlich auch Humboldt in der Liebe zum Schönen die poietische Kraft der Natur erkennt. Freilich ist dieser Eros modern und kritisch gestimmt, insofern er sich nämlich nicht als Liebe zum Gleichen versteht, die sich nach der Ruhe im ewigen Besitz des Ewigen sehnt, sondern als Liebe zum Anderen, die ihre Erfüllung in der Fülle endlicher individueller Gestalten findet. Diese Erotik kann als der springende Punkt des Humboldtschen Werkes angesehen werden, sie durchzieht alle Texte des kritischen Platonikers, sie weist und erhellt seinen Weg von der natürlichen und politischen Geschichte über die Ästhetik zur Sprachphilosophie. In diesem Sinn kann der erste Horen-Aufsatz in der Tat zu einem Schlüsseltext für das Verständnis des Autors Humboldt werden. Was hier eigens thematisiert ist, zeigt sich überall sonst im Hintergrund.

Es scheint, daß die kritischen Reaktionen der Leser Humboldt dazu veranlaßt haben, das Thema nicht weiter zu vertiefen. Er wendet sich in der Folge dem zu, was er die neue und umfassende Wissenschaft einer *Vergleichenden Anthropologie* nennt. In Anlehnung an die Erfolge der vergleichenden Anatomie soll die vergleichende Anthropologie „die Eigenthümlichkeiten des moralischen Charakters der verschiedenen Menschengattungen" erforschen, indem sie „den Gattungs-Charakter des Menschen als bekannt voraussetzt" und „nur seine individuellen Verschiedenheiten aufsucht" (I 377). Was hier Charakter und Charakterverschiedenheit bedeutet, wird sehr viel ausführlicher in dem oben (Teil III, 1) skizzierten großen Epochen-Fragment dargelegt, das, riesig wie es seiner Anlage nach ist, selbst nur einen einzelnen Beitrag zu dieser Anthropologie liefern sollte. Eine Briefäußerung an den Freund Brinkmann vom Dezember 1793 sowie der Inhalt der Fragmente des Unternehmens machen es sehr wahrscheinlich, daß Humboldt mit solchen Plänen auf die *Ideen* Herders reagiert, die ihm einerseits zu philosophisch oder zu spekulativ, d.h. zu wenig auf Erfahrung gegründet erscheinen, während sie andererseits im Ansatz des Denkens genau seinen eigenen Vorstellungen entsprochen haben müssen. Neu und durchaus charakteristisch ist lediglich der letzte und längste der acht Abschnitte des unveröffentlichten *Plans einer vergleichenden Anthropologie* (1795 od. 1797), der den Titel trägt „Hauptsächlichste Thatsache, auf welche der Gedanke einer vergleichenden Anthropologie sich vorzüglich stützt". Diese Tatsache ist nämlich der „Unterschied der Geschlechter" (I 400). Alle zuvor aufgestellten Kennzeichen der Charakterverschiedenheit, zu denen für Humboldt zu dieser Zeit (bis 1800) neben Körperbau und Betragen, Gestalt, Physiognomie, Gang und Gebärden auch noch die Sprache zählt (vgl. 399), lassen nicht hinreichend erkennen, „ob sie nicht mehr bloss aus einer Verschiedenheit der äussern Lagen und Umstände, als aus einer innern Charakterform entspringen" (400). Der Unterschied der Geschlechter aber bezeichnet eine natürliche Charakterverschiedenheit, bei der das Innere offener als irgendwo sonst zutage liegt. „Überall, wo von individuellen Unterschieden die Rede ist, kann daher derselbe zum Muster dienen, an dem die Art, die Entstehung, die Entwicklung und das Verhältniss solcher Eigenthümlichkeiten unter einander und zur Gattung auf die auffallendste Weise sichtbar ist" (ebd).

Daß Humboldt mit diesem Versuch einer Universalisierung

des Eros zum movens sowohl der physischen als auch der moralischen Natur nicht ganz so isoliert dasteht, wie es die Philosophiegeschichte, die ihn gewöhnlich einfach übergeht, vermuten lassen könnte, soll abschließend mit einem Zitat aus Herders *Ideen* belegt werden, das den Grundgedanken des Humboldtschen Versuchs prägnant zusammenfaßt: „Die Genesis der Kunst, wie des Menschen, war ein Augenblick des Vergnügens, eine Vermählung zwischen Idee und Zeichen, zwischen Geist und Körper" (*Ideen* IX, 3).

IV. Kunst

1. *Das Gefühl der Schönheit*

Schiller antwortet auf Humboldts *Ästhetische Versuche – Über Göthes Herrmann und Dorothea* mit einem langen Brief an den in Paris lebenden Freund, in dem sich folgende Bemerkung findet: „Unsre neuen Kunstmetaphysiker ... werden Sie studieren und benutzen, aber es wohl bleibenlassen, die Quelle zu bekennen, aus der sie ihren Reichtum holten. In der Tat haben Sie vielen vorgearbeitet und ein entscheidendes Beispiel gegeben" (Schiller-Briefwechsel, Nr. 16: II 163). Diese im Juni 1798, also schon ein Jahr vor dem Erscheinen der Humboldtschen Schrift geäußerte Vermutung sagt deren Wirkungsgeschichte ziemlich exakt voraus. Ausdrücklich wird sie kaum erwähnt, noch weniger gewürdigt. Ihre indirekten Wirkungen lassen sich jedoch über Schelling bis in die romantischen Kunsttheorien, über Mme de Stael bis in den französischen Symbolismus, über Gustav Gerber bis zum jungen Nietzsche verfolgen. Humboldt schreibt nicht, um in die Breite zu wirken, sondern um sich selbst zu bilden. Die greifbarste, folgenreichste und vermutlich wichtigste Wirkung der Ästhetischen Versuche findet sich denn auch in seinem eigenen Denkweg. Die spätere Sprachphilosophie baut auf den dort entwickelten Grundbegriffen auf. Erst nach der sog. linguistischen Wende der Philosophie im 20. Jahrhundert hat man damit begonnen, die philosophische Tragweite des Humboldtschen Ansatzes einer ästhetisch fundierten Sprachreflexion zu erkennen und angemessen zu würdigen.

Humboldt hat sich von Jugend an mit Fragen der Ästhetik beschäftigt. Noch vor seinem Gedankenaustausch mit Schiller und Goethe und vor dem Erscheinen der Kantischen *Kritik der Urteilskraft (KdU)* versucht er unter dem Namen „*Ästhetisches*

Gefühl" dasjenige im Menschen zu fassen, was neben Sinnlichkeit und Verstand „noch ein Drittes" in ihm ausmache, nämlich „eine Beziehung dieser beiden Naturen auf einander, wodurch sie mit einander vereint werden". Dieses Gefühl bezeichne die Fähigkeit, „die Sinnenwelt als ein Zeichen der unsinnlichen anzusehn, und aussersinnlichen Gegenständen die Hülle sinnlicher Bilder zu leihen" (*Über Religion*, 1789, GS I 56). Wie aber diese Vereinigung zu leisten, wie sie zu verstehen sei, bleibt zunächst noch durchaus dunkel.

Erst eine intensive und fruchtbare Auseinandersetzung mit der Kantischen Ästhetik führt Humboldt zu einer Klärung des Problems der Vermittlung von Verstand und Sinnlichkeit. Ihre Spuren finden sich in einigen Briefen an Christian Gottfried Körner, den Dresdner Freund Schillers, der sich als Kantianer betrachtet und dennoch in der Kunst nach objektiven Regeln des Schönen sucht. Gegenstand der Briefe wie zuvor gemeinsamer Gespräche sind die ästhetischen Ideen, gesucht ist eine Bestimmung des Begriffs des Schönen. Die *Kritik der Urteilskraft* bildet die beiderseits anerkannte Grundlage, nach welcher das Schöne nicht als eine (objektive) Eigenschaft von Gegenständen bestimmt, sondern nur als ein (subjektives) „Gefühl der Schönheit" empfunden werden könne (an Körner, Nr. 15: 2 f.).

Wie aber entsteht das Gefühl der Schönheit? – Zwar werde es, nach Kant, nicht durch Begriffe „erregt", dennoch aber seien Begriffe im Spiel. Humboldt drückt das intransitivisch aus, indem er sagt, daß „zugleich" mit dem Gefühl der Schönheit Begriffe in der Seele „rege werden". Entscheidend sei jedoch, daß der Gegenstand diese Begriffe nicht „hervorbrächte", sondern ihre „Regewerdung (wenn ich so sagen darf)" durch ihn nur „veranlaßt" werde (2). Aufgrund der folgenden Erläuterung des Kantischen Gedankens erscheint das Gefühl der Schönheit weder als „eine Wirkung der theoretischen noch der praktischen Vernunft, sondern vielmehr der gesammten Vernunftvermögen überhaupt, und ist nun eigentlich das, was alle menschliche Kraft erst in Eins verknüpft" (3). Genau darin liegt für Humboldt seine besondere Bedeutung.

In der näheren Bestimmung des Gefühls der Schönheit geht

Humboldt sodann einen bemerkenswerten Schritt über die Kantische Vorlage hinaus. Er dynamisiert gewissermaßen die Unterscheidung zwischen ästhetischem und Erfahrungsurteil. Danach wird das „Schönheitsgefühl zwar nicht aus Begriffen entspringen, aber dennoch eine Entwickelung in Begriffen erlauben, und hierin zweifle ich gerade an dem Kantischen System, das auch dieß nicht verstattet" (11). Nach Humboldt ist „schön" also nicht einfach das, was so beschaffen ist und bleibt, daß es „ohne Begriff allgemein gefällt" (*KdU* § 9). Dies würde eine nachträgliche Entwicklung des Gefühls der Schönheit in Begriffen in der Tat ausschließen, so daß man beim sprachlosen Erstaunen über das Schöne stehenbleiben müßte. Vielmehr ist nach Humboldt dasjenige schön zu nennen, was, obwohl es *noch* ohne Begriff ist, doch *schon* Allgemeinheit beanspruchen darf, wenn auch nur subjektive Allgemeinheit als Gegenstand eines gleichwohl „*notwendigen* Wohlgefallens" (*KdU* § 22).

Indessen bleibt Humboldt auch bei dieser Dynamisierung Kantischer Unterscheidungen noch nicht stehen. Im Brief vom 28. März 1794, dem letzten und längsten in der Erörterung ästhetischer Fragen mit Körner, geht er, seinem Gesprächspartner noch weiter entgegenkommend, in einem Punkt entschieden über die Grenze der Kantischen Position hinaus. „Es muß, meiner Überzeugung nach, nothwendig einen Weg geben, von der Bestimmung der Schönheit durch subjective Merkmale zur Bestimmung derselben durch objective. Es gienge sonst alle Kunsttheorie und alle Kritik verloren. Aber diesen Weg sicher zu finden, oder vielmehr zu bahnen, halte ich eigentlich für die höchste Schwierigkeit in der Aesthetik. Kant versucht es nicht einmal, er schneidet beinah die Möglichkeit ab, doch auf eine Art, die mir seinem System nicht nothwendig anzuhängen scheint" (14).

Wodurch also erregt der Gegenstand im Betrachter jene Empfindung des Wohlgefallens, die das Gefühl der Schönheit ausmacht? Die Antwort Humboldts ist zunächst nichts weiter als eine objektiv gewendete Formulierung der subjektiven Bestimmung des Gefühls der Schönheit. Schön ist ein Gegenstand, wenn und insofern ich ihn als sinnliche Darstellung einer un-

Abb. 6: Im Garten des Schillerschen Hauses in Jena, Zeichnung von Wilhelm Lindenschmidt d. J. (1829–1885) von 1860. Die vermutlich fingierte Szene spielt im Frühjahr 1797 und stellt das wirkliche Gespräch jener Tage bildlich vor: die Frauen in der vorderen Reihe, sitzend, von links: 2. Caroline von Wolzogen, geb. von Lengefeld, gesch. von Beulwitz, daneben ihre Schwester Charlotte Schiller, geb. von Lengefeld, 4. Herder, 6. Caroline von Humboldt; rechts Schiller deklamierend; im Hintergrund, stehend, von links: Goethe, Wieland und die Brüder Humboldt.

sinnlichen Idee anschaue, ohne daß ich zugleich den Begriff einer solchen Darstellung zu geben vermöchte.

Diese noch sehr allgemeine Formulierung wird durch einige Abgrenzungen erläutert. Die schöne Darstellung unsinnlicher Ideen „kann keine eigentlich abbildliche, und darf keine conventionelle noch allegorische seyn" (11). Abbildliche Darstellungen sind nur von empirischen Gegenständen möglich. Es gibt keine Abbilder von Ideen, weil es für eine Ähnlichkeit beider keinen Maßstab gibt. Konventionelle und allegorische Darstellungen hingegen bringen wohl Ideen zum Ausdruck, setzen diese aber als fertig bestimmt voraus. Sie sind im Leibnizschen, aber auch im Kantischen Sinn ‚charakteristisch', indem sie „etwas, das früher da ist, nachzubilden" streben (17). Zur Unterscheidung vom Schönen gebraucht Humboldt hier die bekannte Metapher vom Einkleiden des Darzustellenden in der Darstellung: „Bei dem, was *charakteristisch* ist, *hüllt* sich gleichsam die unsinnliche Idee in die den Sinnen erscheinende Gestalt; bei dem was *schön* ist, *verwandelt* sie sich selbst in dieselbe" (16).

Auch mit dieser Ausdrucksweise ist Humboldt noch nicht ganz zufrieden. Die treffendsten Worte für die, wie er es nennt, objektive Bestimmung des subjektiven Gefühls der Schönheit findet er wenig später: „Es ist also hier nicht *Ausdruck,* der absichtliches Streben etwas, das früher da ist, nachzubilden voraussetzt, es ist ein *Zusammentreffen* zweier von einander unabhängiger, einander nicht suchender sondern freiwillig begegnender Naturen. Es ist... Ausdruck der *Formen* selbst, von welchen erst alle Begriffe und Ideen selbst ihr Daseyn erhalten" (17).

An diesem Punkt ist die Gedankenentwicklung der Körner-Briefe zu ihrem Ziel gekommen und läßt sich, wie folgt, zusammenfassen: Es ist nicht schön, wenn die Idee ihrer Erscheinung vorausgeht. Denn dann ist die Darstellung eigentlich gleichgültig, der Idee selbst äußerlich, sie ist bestenfalls nützlich für fremde Zwecke. Auch Kant würde zugeben, daß der Ausdruck einer schon bestimmten Idee nicht genial, sondern nur nachahmend ist, daß ihm der geheimnisvolle Reiz des wahren Kunstwerks fehlt. Das sinnlich Gegebene ist nur *schöne* Erscheinung, indem es Ideen darstellt, die Ideen aber haben kein Dasein vor oder außer ihrer schönen *Erscheinung*. Die begrifflos gegebene Mannigfaltigkeit der sinnlichen Eindrücke gewinnt überhaupt erst Bedeutung, indem etwas in ihr als Erscheinung von unsinnlichen Ideen angeschaut wird. Kurz, die Erscheinung des Schönen ist der Augenblick der Erzeugung des Begriffs.

Der Gedanke, daß Ideen und Begriffe durch ihre ursprüngliche Erscheinung überhaupt erst ins Dasein treten, mag durch Hamann oder Herder angeregt worden sein, ist aber, als Humboldt ihn 1794 niederschreibt, noch durchaus ungewöhnlich. Erst später wird er durch Schellings Philosophie der Kunst (1800) und noch später durch Hegels Ästhetik-Vorlesungen (seit 1817) bekannt und geläufig.

2. *Kunst und Erkenntnis*

a) *Ästhetische Versuche*

Die Begriffsbestimmungen der Körner-Briefe von 1793/94 wurden skizziert, weil man hier die Ansichten Humboldts zu Fragen der Kunst in ihrer Entstehung beobachten kann. Kunstkritische Anmerkungen über (zeitgenössische und historische) Werke, Künstler, Gattungen, Epochen, die sich gelegentlich zu kleinen Abhandlungen auswachsen und als solche auch veröffentlicht werden, finden sich in zahlreichen Briefen der neunziger Jahre. Humboldts Hauptwerk der Ästhetik aber ist das einzige von ihm selbst publizierte Buch, das den Titel trägt *Ästhetische Versuche. Erster Theil. Über Göthes Herrmann und Dorothea* (erschienen bei Vieweg, Braunschweig 1799; GS II 113– 319). In vielerlei Hinsicht ist diese Schrift charakteristisch für ihren Autor, zwei Aspekte seien erwähnt:

(1) Sie will einerseits, wie schon der Titel sagt, als Kritik eines einzelnen Kunstwerks gelesen werden; andererseits ist sie nicht nur umfangreicher als das rezensierte Werk selbst, sondern hält sich auch nicht an die üblichen Grenzen einer Kritik: Hum-

boldt entwickelt in ihr eine eigene Theorie des Epos, ferner der Kunstgattungen im allgemeinen und eröffnet sie mit grundsätzlichen Reflexionen über das „Wesen der Kunst" und ihre Bedeutung für den „menschlichen Geist überhaupt" (Einleitung, II 116f.). Zwar liegt genau in diesen Passagen ihre bleibende Bedeutung, doch die Leser reagieren verärgert auf die Mißachtung ihrer durch die Konventionen des Literaturbetriebs legitimierten Erwartungen und lassen sich nicht weiter ein auf Gedanken, die unter einem anderen Titel vielleicht hätten Anlaß geben können, die Voraussetzungen der traditionellen Kunstkritik grundsätzlich zu revidieren.

(2) An dieser die gewohnten disziplinären Grenzen sprengenden Form des Werkes zeigt sich zudem deutlich, daß Humboldts Ästhetik anderswoher kommt und anderswohin führt: Sie kommt aus der (Metaphysik als) Naturphilosophie (vgl. o. Teil III) und führt zur (Metaphysik als) Sprachphilosophie (vgl. u. Teil V). Sie ist eine Episode seines Denkweges, zentrale und prägende Episode gleichwohl, und untrennbar mit seinen großen Dichterfreunden Goethe und Schiller verbunden; kritisch auch mit den Romantikern, die Humboldt eher feindselig gegenüberstehen und gerade diese ‚ästhetischen Versuche‘ mit beißendem Spott bedenken (vgl. A. W. Schlegel, Werke 8, 40).

Daß Humboldt seine allgemeinen ästhetischen Überlegungen an einem, freilich mit Bedacht gewählten, individuellen Werk entwickelt, hat philosophische Gründe. Die (Kunst-)Gattungen sind für ihn nichts allgemein Vorgegebenes, eine Regel-Poesie wäre nicht nur als Anleitung für Künstler, sondern auch als Maßstab für Kritiker untauglich, weil immer schon veraltet. Seine Kunstbetrachtung ist demgegenüber rein philosophisch und verfolgt keinerlei praktisch-normative Absicht.

Was die Einteilung der Kunst und der Künste betrifft, so stellt er sich die Aufgabe, im einzelnen Werk die Gattung zu sehen: zu sehen, *was es ist;* desgleichen im einzelnen Werk den Künstler zu finden: *die Kraft, die es schuf.* Damit ist der Weg vorgezeichnet, der, von der Analyse des individuellen Kunstwerks ausgehend, schließlich zu einer „Charakteristik des menschlichen Gemüths in seinen möglichen Anlagen und in den wirklichen Verschiedenheiten, welche die Erfahrung aufzeigt", führen soll (117f.). Dieser Weg führt hier über die Mittelstufen der Poesie und der Kunst. Die Sprache sieht Humboldt zu dieser Zeit noch in einem Gegensatz zur Gegensätze vermittelnden Kraft der Poesie, sie bleibt einseitig dem Verstand zugeordnet (vgl. GS II 143f., 158f.).

b) Der Begriff der Kunst

Die Kunst selbst wird, in gut aristotelischem Geist, von ihrem Zweck her bestimmt: *„Das Wirkliche in ein Bild zu verwandeln,* ist die allgemeinste Aufgabe aller Kunst" (GS II 126). Humboldt verwendet hier den Begriff des Wirklichen in der ihm geläufigen Bedeutung, nach welcher er das beschränkte und beschränkende Dasein der Dinge in Raum und Zeit bezeichnet. Charakteristisch für das Wirkliche in diesem Sinn ist es, „dass jede Erscheinung einzeln und für sich da steht, dass keine als Grund oder Folge von der anderen abhängt" (128). *Dieses* Wirkliche soll durch Kunst in ein Bild verwandelt werden. Was kann das bedeuten? In vier Schritten soll diese Frage erörtert werden.

(1) Es gilt, die Gegenstände aus dem „Reich der Wirklichkeit" in das „Reich der Phantasie" zu übersetzen (128). Sie werden dadurch „in eine andre Sphäre versetzt" (126), in das „Gebiet des Möglichen", in welchem gerade nichts isoliert besteht, sondern alles nur „durch seine Abhängigkeit von etwas andrem" oder als Teil eines „organisirten Ganzen" (128f.). Das Organ der Kunst ist folglich nicht der trennende Verstand, sondern die alles verbindende Einbildungskraft. Nach ihrer „objektiven" Bestimmung ist die Kunst daher *die Darstellung der Natur durch die Einbildungskraft"* (133).

(2) Die Kunst „idealisirt" das Wirkliche (128); sie macht das Endliche unendlich, indem ihr Werk über sich selbst hinausweist. Das Kunstwerk ist, in den späteren Worten Schellings gesagt, „als ob eine Unendlichkeit von Absichten darin wäre, einer unendlichen Auslegung fähig" (WW I 3, 620). Einzelnes, Getrenntes und Bestimmtes verbindet sich in ihm zu einer alles

umfassenden „Einheit". In jedem Kunstwerk geht es um die Darstellung einer solchen „Totalität" als einer „Welt" – in einem Individuum. Der Künstler versetzt uns in eine „Region, in welcher jeder Punkt das Centrum des Ganzen und mithin dieses schrankenlos und unendlich ist" (GS II 136). Dieser Gedanke entstammt der hermetischen Tradition: „Deus est sphaera infinita, cuius centrum est ubique, circumferentia nusquam" (Gott ist eine unendliche Kugel: ihr Zentrum ist überall, nirgendwo ihre Peripherie), heißt es im *Liber XXIV philosophorum* (hg. C. Bäumker 1913, 208). Es ist der individuelle Gesichtspunkt, der dem Objekt der Einbildungskraft die Einheit und Totalität einer Welt verleiht. Der Totalitätsanspruch der Erkenntnis ist daher alles andere als totalitär, er ist wesentlich individuell.

(3) Die geforderte ‚Umwandlung' ist, wie das Wort schon sagt, keine *creatio ex nihilo* (Schöpfung aus Nichts). Sie geht vom ‚Wirklichen' aus als von dem, was jeweils gegeben ist. Damit bleibt sie an die Erfahrung und ihre Gesetzmäßigkeit gebunden. Obwohl ein „reines Werk der Einbildungskraft", ist das Kunstwerk doch „durchaus übereinstimmend mit den Gesetzen der Natur und unsers Gemüths" (130). Die Gesetzmäßigkeit des Kunstwerks ist seine Verständlichkeit, eine Verständlichkeit, die ihren Grund in „Etwas" hat, „das der Dichter selbst nicht zu verstehen und der Kritiker nie auszusprechen vermag" (132).

(4) Das Wirkliche ist der Reiz, die Anregung, der Ausgangspunkt. Auf den Reiz des Wirklichen reagiert der Künstler durch die „*selbstthätige Umwandlung der Natur*" (133) in ein Bild. Auch das wirklich gewordene Werk kann wiederum nur anregend, nicht bestimmend auf andere wirken. Niemals kann der Künstler seine (neue) Ansicht der Dinge in andere Subjekte hinübertragen. Er ‚informiert' nicht. Nur mittelbar über das Werk kann er versuchen, das Gemüt des Betrachters zu stimmen, eine entsprechende Ansicht „rein aus sich selbst" zu reproduzieren (128). Wenn es heißt, daß die Arbeit des Künstlers ihrer Natur nach „eine Art lebendiger Mittheilung" sei, dann ist dies doch nur dadurch möglich, „dass er gleichsam einen elek-

trischen Funken aus seiner Phantasie in die Phantasie andrer überströmen lässt, und diess zwar nicht unmittelbar, sondern so, dass er ihn einem Object ausser sich einhaucht" (132). Nicht mehr auf dem Weg über Objekte vermittelt, wird diese Mitteilung durch jedes gesprochene und verstandene Wort geleistet, doch diese Einsicht bedarf erst eines neuen, eben über die Philosophie der Kunst vermittelten Begriffs von Sprache und eines neuen Begriffs von Wirklichkeit.

c) Der Begriff des Wirklichen

Es stellt sich also an dieser Stelle die Frage, was das Wirkliche denn näher sei, das die Kunst ins Idealische übersetzt. Zunächst ist es nichts weiter als das, woran der Künstler als an das jeweils Gegebene anknüpft. Es ist deshalb aber nicht in einem absoluten Sinn ursprünglich oder auch nur von ganz anderer Art als das, was der Künstler daraus macht. Philosophisch interessant wird die Humboldtsche Ästhetik vielmehr gerade dadurch, daß sie mit dem Reich der Phantasie auch das der Wirklichkeit neu bestimmt. Auch das für uns jeweils Wirkliche hat seine Geschichte oder anders: alles Wirkliche war einmal ein Bild.

Dieser Gedanke ist zwar in der Ästhetik nur implizit zu finden. Explizit spricht Humboldt hier eher von einem Gegensatz zwischen Kunst und Wirklichkeit. Die Kunst erscheint dabei als das Refugium der kritisch restringierten Metaphysik, als das der Wirklichkeit entgegengesetzte „Land der Ideen" (128). Der Weg zur Überwindung dieses Gegensatzes ist jedoch schon vorgezeichnet: Die Wirklichkeit wird als die aktuelle Grenze des Reichs der Phantasie bestimmt, wie sie schon bei Leibniz – aus göttlicher Perspektive – als der optimale Grenzwert aller denkbaren Welten erschien. Jedenfalls wird auch schon in der Ästhetik deutlich, daß Naturerkenntnis und Kunstproduktion nicht zwei bloß verschiedene Weisen des Weltumgangs sind. Vielmehr sind sie wesentlich, „dynamisch", wie es in der Erörterung der Körner-Briefe hieß, aufeinander bezogen. Und in dieser Beziehung liegt die eigentlich philosophische Bedeutung der Humboldtschen Überlegungen. Dazu einige Erläuterungen.

Das bloß Mannigfaltige des in der Empfindung Gegebenen, das, was man die reine Materie aller Erkenntnis nennen könnte, ist vollkommen dunkel. So aber ist es nur uneigentlich als ‚mannigfaltig' zu bezeichnen und noch keine wirkliche ‚Empfindung': ein Chaos von Eindrücken, das sich als solches niemals zu einer Erkenntnis fügen kann. Diese dunkle Natur, die keine Gegebenheit für ein Bewußtsein hat, ist nur ein Grenzbegriff der Wirklichkeit, denn sie übt keine Wirkung aus, die irgendwie wahrgenommen werden könnte. Diese Natur hat keinen Gegensatz, von ihr und in ihr ist nichts zu unterscheiden.

Bewußtsein bringt Licht in dieses Dunkel, es gewährt anschauliches Unterscheiden einer Mannigfaltigkeit von Empfindungen. Aber auch die Summe der Empfindungen ist nur ein Vorbegriff der Wirklichkeit. Die Natur ist noch vollständig unbestimmt, nur als Natur überhaupt vom Gefühl überhaupt als von ihrem Bewußtsein unterschieden. Doch sie ist der Stoff, aus dem die Einbildungskraft Gestalten formt, sie ist das ‚Wirkliche', das durch die Kunst in ein Bild verwandelt wird.

Nun finden wir uns allerdings niemals dieser Natur selbst gegenüber, immer nur ihrem Bild oder der bestehenden Wirklichkeit als dem Derivat eines solchen Bildes. Die Natur als der Strom bloßer Empfindungen ist wohl der Punkt, von dem wir ausgehen, weil *an* ihm unser Selbstbewußtsein erwacht; *in* unserem Selbstbewußtsein aber sind wir immer schon über den Naturzustand des Bewußtseins hinaus. Nur mythische Phantasie erlaubt es, ein Bild von der vorsprachlichen Kindheit des einzelnen ebenso wie der Gattung zu entwerfen. Ein solches Bild indessen ist immer schon in Absicht auf Verdeutlichung gezeichnet, es ist nur eine *verständliche Rekonstruktion* der Natur.

Jener erste Begriff des Wirklichen, nach dem dieses der produktiven Einbildungskraft prinzipiell vorausliegen soll, erweist sich also als eine Fiktion; er ist selbst ein Produkt der Einbildungskraft. Die zweite, eigentliche Wirklichkeit dagegen ist ein Inbegriff von geronnenen Auslegungen künstlerischer Einfälle, ein Derivat von Produkten der Einbildungskraft. Die Wirklichkeit, in der wir leben, ist ein verständliches Bild der Welt, auf das man sich geeinigt und das sich bewährt hat.

Nun ist der Prozeß des sich Verständigens über die Wirklichkeit ein unabgeschlossener Diskurs. Das Bild bedarf immer neuer Bestätigung und erfährt eben dadurch unbemerkt immer neue Modifikationen. So ist die Wirklichkeit eine fortwährende und fortwährend sich wandelnde Vergegenständlichung jener unbestimmten Natur des Bewußtseins, aus der wir leben, als die herrschende Meinung über dieselbe, in der wir leben. Diese herrschende Meinung ist die geäußerte Wahrheit von den Dingen unserer Welt. Sie ist die jeweils im Moment absolut erscheinende Realität, an der das Selbstbewußtsein des Individuums (auf)bricht und sich bildet, indem es Erfahrungen macht.

Diese Realität ist das wahre Reich der Wirklichkeit, aus dem der Künstler sich ins Reich der Phantasie erhebt, um den harten Schranken des Bestehenden zu entfliehen. Vor dem Absolutheitsanspruch dieser Realität zieht er sich in das Gebiet des Möglichen zurück; und man gestattet ihm das Privileg dieses Rückzugs in der Hoffnung, daß er eine neue, vielleicht eine schönere Wirklichkeit für alle entdecke.

Zwar bleibt der wahre Künstler, dem es gelingt, eine bedeutende Erweiterung unserer Ansichten zu bewirken, eine seltene Erscheinung. Doch läßt die Humboldtsche Kunstphilosophie gerade die Notwendigkeit der Verallgemeinerungsfähigkeit des individuellen Einfalls besonders deutlich werden. Es genügt nicht, daß einer, damit er zu Recht ein Kunstgenie genannt werden könne, für sich allein eine neue Ansicht der Dinge habe. Seine Ansicht muß für andere verständlich zum Ausdruck gebracht sein. Nur so gewinnt sie Bedeutung, nur so wird das individuelle Produkt ein bedeutendes Kuntwerk. Wie schon in der eigenen schöpferischen Produktion des Genies Selbsttätigkeit und Empfänglichkeit harmonisch zusammenwirken müssen, so müssen sie es auch in dem Prozeß, der dem idealischen Produkt objektive Gültigkeit verleiht. Das Produkt der Einbildungskraft bleibt belanglose Spielerei mit Möglichkeiten, wenn es nicht von anderen, und zwar auf ihre eigene Weise, ihren eigenen Empfindungen gemäß, reproduziert wird. Der Einfall ist wesentlich Fragment, das erst durch Resonanz in anderen zum Moment eines wahren Ganzen werden und objektive Gültigkeit gewinnen kann.

Für die Produktion von Wirklichkeit, obwohl diese als ein Derivat der Kunst bestimmt wurde, ist also nicht das schöpferische Genie allein verantwortlich; ebenso wesentlich sind diejenigen an ihr beteiligt, die den genialen Entwurf, indem sie ihn als Darstellung einer bestimmten Idee anerkennen, die sich *nun auch* anders ausdrücken läßt, aus dem Reich der spielerischen Phantasie in das der allgemein-verbindlichen Wirklichkeit hinüberführen. Oder, im Sinne dieser Kunstphilosophie sind alle Menschen Künstler, insofern sie nämlich am fortwährenden Prozeß der produktiven Auslegung künstlerischer Einfälle beteiligt sind. Sie sind Menschen, indem sie über etwas zunächst weniger Bestimmtes, das ihnen aber klar einleuchtet, etwas Bestimmtes auszusagen vermögen – indem sie über Bilder urteilen und sich von Dingen, die in einem Urteil bedeutet sind, ein Bild machen können.

Dieser Prozeß der Auslegung ist die Wirklichkeit, insofern sie genetisch als abgeleitet aus der Kunst, als Kunstprodukt, betrachtet wird. Die Wirklichkeit, insofern sie statisch als ein Gegensatz zur Kunst betrachtet wird, bezeichnet die Natur, wie sie unter allgemeinen Gesetzen des Verstandes nach den herrschenden empirischen Begriffen als auf bestimmte Weise immer schon ausgelegt erfahren wird. Als eine solche allgemein-verbindliche Auslegung der Welt ist sie für den schöpferischen Künstler das geformte Material, das es umzuformen gilt. Diese geformte Wirklichkeit ist der bestimmte und vorgegebene Ausgangspunkt, an den er anknüpfen muß, wenn er etwas Neues aussagen will. Er kann sich nicht vom Kontext des Bestehenden loslösen, wenn seine Aussage Bedeutung haben soll. In diesem Sinn ist die Wirklichkeit das in jeder künstlerischen Äußerung Vorausgesetzte; sie ist niemals gänzlich unbestimmt – wie jener fiktive Strom der Empfindungen –, aber sie ist in den Augen des Künstlers ungenügend bestimmt, mithin neu bestimmungsbedürftig.

Den angekündigten zweiten Teil seiner *Ästhetischen Versuche* hat Humboldt niemals geschrieben, und zwar nicht nur, weil er

in der Einleitung zum ersten Teil gestehen muß, „den gesammten Vorrath" seiner Ideen über „die Grundprincipien einer all-
gemeingültigen Philosophie der Kunst" schon in dieser Schrift
niedergelegt zu haben (122). Vielmehr kann er, nachdem er
einmal den Weg entdeckt hat, der ihm geeignet zu sein scheint,
im Menschen „das letzte Ziel seines intellectuellen Bemühens"
(129) zu erforschen, diesen Weg nicht mehr unbeschritten lassen. Am Beispiel der Kunst (und zwar aus gutem Grund an
diesem Beispiel) wird Humboldt auf die allen menschlichen Äu-
ßerungsweisen zugrunde liegende Sprachlichkeit des Geistes
geführt. Denn erst von der sprachlichen Auslegung der Welt
her kann der Mensch das sich in seiner Einbildungskraft ursprünglich Gestaltende als Kunst begreifen, d. h. als etwas Neues, das einer ‚unendlichen Auslegung' – durch das Denken in
Worten – fähig ist. Humboldts Anwort auf diese Einsicht besteht nun nicht darin, eine neue Ästhetik unter höherem Gesichtspunkt zu schreiben, sondern er wendet sich sogleich und
bald immer ausschließlicher dem Studium der Sprache zu.

V. Sprache

1. Sprachphilosophie

Humboldt war bereits achtzehn Jahre alt, als Herder darüber klagte, daß der Wunsch Bacons „nach einer *allgemeinen Physiognomik der Völker aus ihren Sprachen*" noch immer nicht erfüllt sei, da doch zu erwarten wäre, daß „sich die reichste *Architektonik menschlicher Begriffe, die beste Logik und Metaphysik des gesunden Verstandes* daraus ergäbe. Der Kranz", so fährt Herder fort, „ist noch aufgesteckt, und ein andrer Leibniz wird ihn zu seiner Zeit finden" (*Ideen* IX, 2).

Herder gelangt bis an die Schwelle einer sprachphilosophischen Erneuerung der Ersten Philosophie: In der Sprache erkennt er „das sonderbare Mittel zur Bildung der Menschen" (a. a. O., Titel). Dem Erkenntnisoptimismus einer mathematischen Weltweisheit hält er entgegen: „eine reine Vernunft ohne Sprache ist auf Erden ein utopisches Land", denn „Sprache ist der Charakter unsrer Vernunft, durch welchen sie allein Gestalt gewinnet und sich fortpflanzet" (ebd). Doch auf der Schwelle zur sprachlichen Wirklichkeit der Welt macht er kehrt und schaut voll Trauer zurück in das Traumland einer paradiesischen, d. h. sprachfreien Vernunft: Die Bindung an Worte erscheint wieder als die natürliche Unvollkommenheit des menschlichen Denkens, die reine Wahrheit bleibt jenseits desselben verborgen. Im Geist der neuzeitlichen Sprachreflexion eines Hobbes oder Leibniz stellt er fest: *„Keine Sprache druckt Sachen aus, sondern nur Namen . . .* Unsre arme Vernunft ist also nur eine bezeichnende Rechnerin" (ebd). Der Sache nach fügt Humboldt diesem Gedanken nichts Neues hinzu. Aber er wertet ihn um, und darin liegt das Neue, worin sich die Geburt der Sprachphilosophie ankündigt: Worte allein erschließen uns das Denken und die Dinge. Ihre lediglich durch das gegenseitige Verständnis gebundene, im übrigen jedoch unerschöpfliche Bedeutsamkeit ist kein Zeichen von Unvollkommenheit, sondern von Stärke. Doch solche Wertungen sind auch heute noch ungewohnt und bedürfen der Erläuterung.

Beginnen wir mit einer rückblickenden Zusammenfassung: Absicht dieser Blätter ist es, eine Charakteristik Humboldts zu geben. Am Anfang stand eine Chronik des Lebens, die, ungewollt und unvermeidlich, in das Problem einer biographischen Gestaltung des Lebens-Werkes hinüberführte. Dieses Werk gewann erste eigenständige Züge mit einer Reflexion der Bedingungen politischen Handelns, die in allem Geschehen eine Dialektik von Kraft und Bildung entdeckte. Als Akteur auf der politischen Bühne versuchte Humboldt solche Einsichten umzusetzen: Freiräume schaffen, Zwänge beseitigen, vorhandene Kräfte behutsam lenken und leiten – darin sah er seine Aufgabe. In der Geschichtsphilosophie wurden sodann die allgemeinen Bedingungen des historischen Geschehens reflektiert. Auch hier ging es um die Frage nach den wirkenden Kräften, nicht nach den gewirkten Begebenheiten; um die Verschiedenheit der Kräfte sowie um die Macht der Zeit und die Gegenmacht der Ideen. Das alles aber fand seine Begründung in einer Anthropologie und Naturphilosophie, die, untrennbar mit der Erkenntnistheorie verbunden, aus der Problemtradition der neuzeitlichen Philosophie hervorging. Das Charakteristische dieser Charakteristik Humboldts besteht aber darin, daß alles Bisherige, einschließlich der Ästhetik, noch immer als vorläufig, und dieses Vorläufige als vorgreifend und vorbereitend verstanden wird. Grundlegende Begriffe der späteren Sprachphilosophie sind auf jenen anderen Feldern entwickelt worden, und die Sprachphilosophie folgt so ‚natürlich‘ aus den früheren Studien, daß sie als ihr ‚Telos‘ erscheint: In diesem Sinn kann man alle Äußerungen Humboldts aus einem Gesichtspunkt heraus deuten und die Sprachphilosophie nicht als eine weitere Disziplin neben anderen, sondern als eine neue Gestalt der Ersten Philosophie verstehen.

Schon in frühester Zeit war für Humboldt das Denken eine

Frage des Stils. Von „Metaphysiken" sprach er im Plural, den man gewöhnlich ihren Autoren vorbehält (Nr. 1: 1, 281), und die neu erschienene Schrift Kants *Zum ewigen Frieden* schätzte er „wegen des treuen und interessanten Bildes, das sie von der Individualität ihres Verfassers gibt" (Nr. 16: I, 205). Der Stil war ihm eine Frage des Charakters. Der Erforschung des Charakters – von Personen und Nationen, von Ländern und Zeiten, von Gattungen der Kunst und von ihren Epochen – galt sein ganzes Interesse. Die besondere Sprache individueller Formen dieser Art spielte dabei wohl auch eine Rolle, zunächst aber eine geringere als bei Herder: Sie erschien als einer unter vielen Charakterzügen (vgl. o. S. 120). Erst die beiden Reisen von Paris ins Baskenland in den Jahren 1799 und 1801 und das dadurch veranlaßte intensive Studium der baskischen Sprache lösen eine Neuorientierung aus. Bereits von der ersten dieser Reisen schreibt Humboldt an Friedrich August Wolf, den Freund und Mentor seiner altphilologischen Studien, daß er sich künftig „noch ausschließlicher dem Sprachstudium widmen werde", und bezeichnet „eine gründlich und philosophisch angestellte Vergleichung mehrerer Sprachen" als eine Arbeit, der seine Schultern „nach einigen Jahren ernstlichen Studiums vielleicht gewachsen sein können" (Nr. 1: 5, 219). Zuversichtlicher erklärt er fünf Jahre später demselben Freund, daß er glaube, „die Kunst entdeckt zu haben, die Sprache als ein Vehikel zu brauchen, um das Höchste und Tiefste und die Mannigfaltigkeit der ganzen Welt zu durchfahren" (5, 267f.). Diese Kunst hatte er von niemandem lernen können, er mußte sie selbst erfinden.

Mit dem gewöhnlichen Studium der Sprachen wurden die Brüder Humboldt allerdings schon früh vertraut gemacht. Ihr Privatunterricht in Tegel und Berlin schloß neben den alten Sprachen und Französisch, der Sprache der höheren Bildung im aufgeklärten Preußen, eine Reihe weiterer moderner Sprachen ein. Doch dabei blieb Wilhelm nicht stehen. Als jungvermählter Privatgelehrter (1792–94) „auf dem Lande in der Gegend von Halle genoss er des freundschaftlichen Umgangs des Geheimen Raths Wolf", den er einige Jahre nach der Schließung der Universität Halle durch Napoleon (November 1806) auf den philo-

Abb. 7: Alexander von Humboldt, als Onkel und Großonkel ein gerngesehener Gast bei der Familie des Bruders, im Park von Schloß Tegel. Kolorierter Stahlstich von J. Poppel nach einer Zeichnung von L. Rohbock, um 1850. Das Schloß, Mitte des 16. Jahrhunderts als Landhaus im Renaissance-Stil erbaut, wurde 1822–24 nach den Plänen von Karl Friedrich Schinkel (1781–1841) im Auftrag Wilhelm von Humboldts völlig umgestaltet. Hier verbrachte der spätere Hausherr die ersten zwanzig und die letzten fünfzehn Jahre seines Lebens.

logischen Lehrstuhl der neuen Berliner Universität berufen sollte, „und dessen Anleitung zu seinen philologischen Studien. Er übersetzte damals einige Oden des Pindar, und fieng die Übersetzung des Agamemnon [von Aischylos] an" (aus einem selbstverfaßten Lebenslauf von 1828: GS XV 524 f.). In dieser Zeit nahmen Goethe und Schiller in Fragen der Metrik gerne den Rat des Freundes und Experten für griechische Dichtung in Anspruch. Die Arbeit an der Agamemnon-Übersetzung begleitete ihn zwei Jahrzehnte hindurch auch in der größten Unruhe des politischen Lebens. 1816 wurde sie abgeschlossen und zusammen mit einer Einleitung veröffentlicht, die noch heute zu den Klassikern der Übersetzungstheorie zählt. Das eigenständige ,Sprachstudium' begann jedoch erst mit der Entdeckung des Baskischen. In den darauffolgenden römischen Jahren von 1801–07 „sammelte er durch den Umgang mit dem Abbate Hervas bedeutende Hülfsmittel zum Studium der Amerikanischen Sprachen, indem er Abschriften von handschriftlichen Sprachlehren nehmen liess, welche Hervas den glücklichen Gedanken gehabt hatte, von Exjesuiten zusammentragen zu lassen, die ehemals Missionarien im Spanischen Amerika waren, und hernach in Italien lebten" (525 f.). Diese Sammlung baute er in den Tegeler Jahren von 1820–35 systematisch aus, so daß er schließlich nicht nur die größte linguistische Bibliothek der damaligen Welt in seinem Hause unterhielt, mit allen Fachleuten der Zeit Kontakte pflegte und Anregungen zu zahlreichen Forschungsarbeiten gab, sondern sich auch selbst in der Lage fand, Dutzende von Grammatiken dieser Sprachen zu entwerfen. Er beschränkte sich jedoch nicht auf den amerikanischen Sprachkreis, sondern studierte nacheinander zunächst Sanskrit, dann Chinesisch und schließlich malayische Sprachen, um nur die wichtigsten zu nennen. Unermüdlich war er bemüht, die empirische Basis seiner ,allgemeinen Sprachkunde', die ihrer Natur nach eine ,vergleichende' sein mußte, zu erweitern (vgl. z. B. GS VI 111). Kurz, man kann wohl sagen, daß er hier und nur hier, in dieser *„allgemeinen historischen* Sprachkunde" (VI 121), die es so weder vor ihm noch nach ihm jemals gegeben hat, ganz bei sich selbst war – ganz einsam, ganz oben. Erst in unseren Tagen wird ernsthaft damit begonnen (besonders von Kurt Mueller-Vollmer), die ungeheure Vielfalt seines sprachwissenschaftlichen Nachlasses aufzuarbeiten, der, im letzten Krieg ausgelagert, nach dem Krieg teilweise vernichtet, teilweise zerstreut, erst teilweise wieder aufgefunden wurde.

Trotz dieser umfassend angelegten empirischen Sprachforschungen geht es Humboldt gerade nicht in erster Linie um eine Vermehrung unseres Wissens über die einzelnen Sprachen. Vielmehr dient ihm alles Sprachstudium vornehmlich dazu, die Natur der Sprache selbst zu begreifen, die nicht unabhängig vom Menschen, von seinem Denken und der Welt seiner Gegenstände zu erfassen ist: „Die wahre Wichtigkeit des Sprachstudiums liegt in dem Antheil der Sprache an der Bildung der Vorstellungen. Hierin ist alles enthalten, denn diese Vorstellungen sind es, deren Summe den Menschen ausmacht" (VI 119). Indem er die Aufgaben eines solchen ‚gründlich und philosophisch' angestellten vergleichenden Sprachstudiums immer klarer zu formulieren versucht, festigt sich die Überzeugung, daß es an einer derartig umfassenden Fragestellung noch durchaus mangele. Die Sprachforschung ist in seinen Augen über ihren natürlichen Anfang noch nicht hinausgekommen, sie steht noch immer auf dem Boden der Vorstellung des natürlichen Bewußtseins von der Natur der Sprache: „Die zunächst liegende, aber beschränkteste Ansicht der Sprache ist die, sie als ein blosses Verständigungsmittel zu betrachten" (VI 22). Am Anfang von Humboldts Sprachstudien steht somit die Einsicht in die Unzulänglichkeit der gegenständlichen Sprachbetrachtung. Sie dient ihm stets als Begründung für die Notwendigkeit des eigenen Unternehmens und als ständiger Ansatzpunkt seiner Kritik. Selbstverständlich läßt sich keiner sprachwissenschaftlichen Theorie, die sich bestimmte äußere Zwecke setzt, Unzulänglichkeit vorwerfen, solange sie sich mit den auf die jeweiligen Zwecke beschränkten Ergebnissen begnügt. Aber gegenüber der philosophischen Frage nach dem inneren Zweck der Sprache erscheint eine Theorie, die die Sprache bloß als Mittel zu äußeren Zwecken betrachtet, bereits vom Ansatz her verfehlt. Schon im Jahr 1806 spricht Humboldt seine Bedenken gegen die vorherrschende Beschränkung auf solche Sprachanalyse und die daraus sich ergebende Sprachansicht deutlich aus: „Den nachtheiligsten Einfluss auf die interessante Behandlung jedes Sprachstudiums hat die beschränkte Vorstellung ausgeübt, dass die Sprache durch Convention entstanden, und das Wort nichts als Zeichen einer unabhängig von ihm vorhandenen Sache, oder eines eben solchen Begriffs ist" (III 167; vgl. V 428).

Schon sehr früh tritt Humboldt dieser gewöhnlichen Vorstellung mit einer ungewöhnlichen Vision entgegen: „Die Sprache stellt offenbar unsre ganze geistige Tätigkeit subjektiv (nach der

Art unsres Verfahrens) dar, aber sie erzeugt auch zugleich die Gegenstände, insofern sie Objekte unsres Denkens sind". Sie ist daher „das Mittel, durch welches der Mensch zugleich sich selbst und die Welt bildet oder vielmehr seiner dadurch bewußt wird, daß er eine Welt von sich abscheidet" (Nr. 16: II, 206 f.). Man kann diese Worte als die Geburtsurkunde der Humboldtschen Sprachphilosophie ansehen. Sie finden sich in einem Brief an Schiller vom September 1800, wurden also in der Pariser Zeit zwischen den beiden Reisen ins Baskenland, einer Zeit intensiven Studiums der baskischen Kultur und Sprache, geschrieben. Worin aber liegt das Neue und Eigentümliche dieser Betrachtung der Sprache?

Die Reflexion auf ‚Sprache' hat die Philosophie von ihren Anfängen an begleitet. Grob skizziert, kann man drei historische Stufen dieser Reflexion unterscheiden. Die metaphysisch orientierte Philosophie in Antike und Mittelalter fragt nach dem *Sein* (der Dinge). Ihr Thema ist alles, was etwas ist – Gott und die Welt; auch der Mensch, auch das Denken, auch die Namen. Alles erscheint ihr als Gegenstand möglichen Wissens. Aus dieser gegenständlichen Einstellung zur Sprache, wie sie insbesondere für Aristoteles charakteristisch ist, hat sich die lange Tradition der Sprachwissenschaft entwickelt. Die erkenntnistheoretisch orientierte Philosophie der Neuzeit fragt nach dem *Denken des Seins* (der Dinge). Metaphysik wird abhängig gemacht von unserem Verstand; Thema der Ersten Philosophie ist das Ich, das Bewußtsein, kurz: die Vernunft. Doch diese gilt, um der Einheit der Wahrheit willen, als Eine und soll im Prinzip bei allen denkenden Wesen gleich sein. Sie muß also an sich selbst als zeitlos, körperlos, unbedingt angenommen werden. Dieser Vernunft gegenüber gewinnt die Sprache, das unvermeidliche Medium der Fixierung des Denkens, ohne welches Kommunikation und Tradition nicht möglich wären, eine ausgezeichnete Bedeutung. Ihr Charakter ist jedoch ambivalent: bald nützlich und hilfreich für das Denken, bald hinderlich und schädlich. Man fragt nach der Führung bzw. Verführung des Denkens durch die Sprache. Dazu noch einmal Herder, der diese Ambivalenz der (neuzeitlichen) Stellung der Sprache dramatisch ausmalt. Einerseits gilt: „Nur die Sprache hat den Menschen menschlich gemacht … Gesetze stiftete sie und verband Geschlechter". Andererseits „zeigt eine kleine nähere Ansicht, wie unvollkommen dies Mittel unsrer Bildung sei, nicht nur als Werkzeug der Vernunft, sondern auch als Band zwischen Menschen und Menschen betrachtet … Gütiger Vater, war kein andrer Kalkül unsrer Gedanken, war keine innigere Verbindung menschlicher Geister und Herzen möglich?" (*Ideen* IX, 2).

Nach der oben zitierten Formulierung Humboldts wird nicht nur das Sein vom Denken, sondern *beide* werden von der Sprache abhängig gemacht. Humboldt, so ließe sich die Reihe fortsetzen, fragt nach der *Sprache des Denkens des Seins*. Er selbst spricht hier nicht von Philosophie, weil die Philosophie für ihn, d.h. nach ihrem traditionellen Begriff, die Zeitlosigkeit der Ideen, die Körperlosigkeit des Denkens, die Unbedingtheit der Wahrheit voraussetzt. Die Sprache aber, auch das bleibt vorausgesetzt, ist bedingt, vielfältig und veränderlich. Wenn ich mich nun aber genötigt sehe anzunehmen, daß allein in der Sprache (mein) Ich und (meine) Welt auseinandertreten, durch sie erst ein Subjekt (ich) und seine Objekte (meine Welt) gebildet werden, dann drohen sich die erträumten Einheiten, sowohl die des Denkens als auch die des Seins in der babylonischen Vielfalt der menschlichen Rede zu verlieren. Thema einer Sprach-Philosophie im Geiste Humboldts wäre unser – dieser Plural nicht im göttlich-majestätischen, sondern im natürlich-menschlichen Sinn verstanden – *unser* sprachlich, d.h. historisch, d.h. individuell vermitteltes Denken von Welt in Wort und Antwort.

Die Sprache galt immer schon als Vermittlerin zwischen Denken und Sein. Dabei lag die Annahme zugrunde, daß Denken und Sein, unabhängig voneinander und von der Sprache, vor dieser da und bestimmt seien. Folglich mußte sich die Sprache in ein Verhältnis zu beiden Seiten setzen und das Getrennte verbinden. Aus dieser Ansicht ergab sich die geläufige und scheinbar so natürliche Einteilung der Sprache in Grammatik und Lexikon. Die Grammatik sollte das Denken, der Wortschatz die Welt abbilden. Die Unmöglichkeit, eine solche nachträgliche Verbindung des vollkommen Verschiedenen zu denken, die im Scheitern der Sprachursprungstheorien des 18. Jahrhunderts nur besonders deutlich zum Ausdruck kam, dürfte für Humboldt ein Anlaß zur Umkehr dieses Verhältnisses gewesen sein. In den beiden folgenden Kapiteln soll diese zugleich sprachphilosophisch wie sprachtheoretisch begründete Umkehr skizziert werden.

2. Sprache (Grammatik) und Denken

a) Grammatik des möglichen Denkens

Seit ihren antiken Anfängen galt die Logik als die allgemeine Form der Verknüpfung von Begriffen im Urteil. Soweit eine Grammatik überhaupt Regeln der Verknüpfung von Worten im Satz enthielt, betrafen sie die Frage, wie die logischen Formen des Urteils in einer besonderen Sprache zum Ausdruck gebracht werden können. Die Logik ist damit verstanden als die allgemeine Grammatik des Denkens. Auch Humboldt geht von dieser Bestimmung aus, wenn er die Verschiedenheit der Sprachen in Hinblick auf ihre grammatischen Formen näher zu ergründen versucht: „Die Grundbestimmungen der Grammatik sind schon in den allgemeinen Gesetzen des Denkens enthalten. Sie können und dürfen nicht anders, als auf dem Wege reiner Begriffsableitung aufgesucht werden. Es ist dies der bloss philosophische Theil der Sprachwissenschaft, wie von ... den Griechen, welchen wir die Grundlage unsrer allgemeinen Grammatik verdanken, schon sehr früh anerkannt worden ist" (GS VI 345). Denn, so erläutert er, die allgemeine Grammatik „umfasst und entwickelt, was, vermöge der Einerleiheit der Gesetze des Denkens und der wesentlichen Natur der Sprache, in allen Mundarten Gemeinsames liegt. Jedes durch sie begründete Verhältniss lässt sich, in irgend einer Art es wiederzugeben, in jeder Sprache nachweisen, wenn es dieser gleich an einer besondren Bezeichnung desselben fehlt, der Typus wohnt, als Form des Denkens und des Ausdrucks, dem Menschen als Menschen, mithin allen Nationen ohne Ausnahme bei" (VI 342).

Worin aber besteht dieser allgemeine Typus, und wie läßt sich ihm gegenüber die grammatische Verschiedenheit der Sprachen bestimmen? Hier beruft sich Humboldt zunächst auf die Gesetze des Verstandes als auf denjenigen Kanon, dem jede Grammatik notwendig entsprechen müsse. Die Spezifikation dieser Gesetze übernimmt er von Kant und läßt sie unangetastet; er betrachtet sie als die philosophische Grundlage einer jeden Grammatik: In dem „durch die Gesetze des Denkens bedingten Theile der allgemeinen Grammatik" ist die Beziehung der Begriffe „durch die blosse Ableitung aus der Tafel der Kategorien deutlich" (VI 347). Bezeichnenderweise aber läßt Humboldt sich niemals näher über die allgemein-grammatische Darstellungsweise der Verstandesgesetze aus. Flüchtige Erläuterungen deuten lediglich an, wie bestimmte Kategorien in besonderen Sprachen tatsächlich zum Ausdruck gebracht werden (vgl. V 452; VI 347 zur logischen Bedeutung der Kasus und zum Verhältnis der grammatischen Modi zu den logischen Modalitäten), nicht aber, wie sie ausgedrückt werden können oder müssen. Vielmehr räumt er ausdrücklich ein, daß sie auch, wie das Beispiel des Chinesischen lehrt, „stillschweigend" oder „lautlos" wirksam sein können (vgl. z. B. VI 364, 397). Offensichtlich gibt es verschiedene Möglichkeiten. Da nun aber jede Sprache sowohl für logisches Denken als auch für andere Zwecke gebraucht werden kann, ist die allgemeine Form des Denkens kein hinreichender Maßstab zur Bestimmung der allgemeinen Form der Sprache.

Grammatischer Sprachvergleich wurde stets und wird auch von Humboldt im Blick auf die ‚philosophische Grammatik' durchgeführt. Auf diese Weise wird das Gleiche im Verschiedenen bestimmt, wie es in ihm in größerer oder geringerer Deutlichkeit sich darstellt; die Verschiedenheit als solche bleibt dabei unbestimmt. Das Besondere der Grammatik (Sprachform), insofern sie sich von der Logik (Denkform) unterscheidet, kommt nur als Rest, als Mangel oder Überschuß, in den Blick. Von der – überall gleichen – Denkform her kann die Verschiedenheit der grammatischen Sprachformen nicht bestimmt werden. So erweist sich die Logik als ein ungenügender Maßstab, wenn man den ‚allgemeinen Typus' bestimmen will, der der grammatischen Form aller Sprachen zugrunde liegt. Und der Versuch, die Verschiedenheit der grammatischen Sprachformen von der Logik her zu erklären, endet aporetisch.

b) ‚rebus additus homo‘

Humboldt zieht Konsequenzen aus dieser Aporie der traditionellen Sprachansicht. Es kann als sein erster grundlegender Beitrag zur Philosophie der Sprache angesehen werden, daß er die Grammatik von der Herrschaft der Logik befreit, indem er dem von dieser nicht bestimmbaren ‚Rest‘ in ihr einen eigenen Wert zuerkennt. Dieser ‚Rest‘ ist der „dem objektiven Gedanken hinzutretende Mensch", wie Humboldt in Abwandlung eines Wortes von Francis Bacon (ars sive rebus additus homo: die Kunst oder der den Dingen hinzugefügte Mensch, vgl. III 10; V 9) zunächst vorsichtig andeutet; oder die den objektiven Gedanken bildende subjektive Tätigkeit des Denkens, wie er später deutlicher formuliert (vgl. VI 155; VII 55). Die Rangordnung von Logik und Grammatik wird damit verkehrt: Man gewinnt die ‚Denkform‘ aus der ‚Sprachform‘ durch Abstraktion von den subjektiven Bedingungen wirklicher Rede.

Die Bedeutung des subjektiven Moments unseres sprachlich vermittelten Denkens und sein Vorrang vor dem objektiven Moment ergeben sich für Humboldt aus einer Analyse des grammatischen Verfahrens der Sprache; näher aus dem Scheitern des Versuchs, innerhalb der Sprache eine genaue Grenzlinie zwischen Logischem und Außerlogischem zu bestimmen. Dabei nämlich macht er folgende Entdeckung, die vor ihm keinem Sprachforscher in den Sinn gekommen ist: Das Außerlogische in der Sprache ist weder Mangel noch Überfluß, als welches es erscheint, wenn man es am Logischen zu messen versucht. Vielmehr ist es von anderer Art als das Logische, mithin logisch gar nicht erfaßbar. Denn es gehört nicht zur Analyse des Gesprochenen (des Gemeinten, des stoischen λεκτόν, eben des Logischen), sondern zur Analyse des Sprechens: Der Unterschied zwischen allgemeiner Grammatik und Logik, so konkretisiert Humboldt diesen Gedanken, „äussert sich vorzugsweise in zwei, aber wichtigen und folgenreichen Punkten. Das logische Urtheil und der grammatische Satz stehen durch alle ihre Arten und Unterarten hindurch, in der Verbindung und Trennung der Begriffe genau auf derselben Linie. Aber die Logik behandelt diese idealen Verhältnisse bloss an und für sich, im Gebiete der Möglichkeit, des absoluten Seyns. Die Sprache setzt sie in einem bestimmten Moment, und stellt das Subject, als das Prädicat, thätig oder leidend, an sich reissend oder zurückstossend dar. Dadurch wird der todte Verhältnissbegriff, gleichsam das Verbindungszeichen der mathematischen Gleichung, zu lebendiger Bewegung. Es entsteht das Verbum, der Mittelpunkt und der Keim der ganzen Grammatik. Die Sprache richtet ferner den in Worte gefassten Gedanken immer an einen Andren... Darin und in der Natur des Verbum, das eine Person voraussetzt, hat das Pronomen seinen Ursprung. Verbum und Pronomen sind also die Angeln, um die sich die ganze Sprache bewegt" (VI 346).

c) Grammatik der wirklichen Rede

(1) *Verbum.* Es geht hier nicht um die Wortart des Verbs, sondern um den Ort der „Synthesis des Seins mit dem Begriff", der in unseren Sprachen gewöhnlich durch das Verb (genauer: durch die satzbildende Funktion der finiten Verbform des Prädikats) ausgedrückt wird, letztlich aber nicht nur nicht markiert sein muß, sondern gar nicht markiert sein kann. Das Verbum in diesem Sinn ist kein unterscheidendes Merkmal verschiedener Sprachen, sondern Bedingung von Sprache überhaupt, der Ort des „existentiellen Setzens" (GS V 452). Das genau unterscheidet das Verbum von der Kopula, der man es nicht ansehen kann, ob sie als existenzsetzend intendiert ist oder nicht. Das Verbum in diesem Sinn ist eine Kategorie des Sprechens. Es gehört nicht der logischen Form des Urteils an, sondern stellt den Wirklichkeitsbezug der Rede her. Die verbindende Funktion des grammatischen Satzes liegt im Verbum so wie die des logischen Urteils in der Kopula. Beide leisten auf ihre Weise die „Verbindung und Trennung der Begriffe", die Kopula „im Ge-

biete der Möglichkeit, des absoluten Seyns", das Verbum hingegen „in einem bestimmten Moment" des wirklichen Seins (VI 346). Die Möglichkeit geht der Wirklichkeit nicht voraus, sondern jene muß aus dieser erst abstrahiert werden wie die Logik aus der Grammatik.

(2) *Pronomen.* Auch hier geht es nicht um die Wortart des Pronomens, sondern um „Personenwörter". Während das Verbum nicht nur den Sprecher mit der Welt verbindet, sondern auch die Teile des Satzes zusammenschließt und wegen dieser letzten Funktion auch als eine wichtige grammatische Kategorie angesehen wird, gilt das (Personal-)Pronomen in der Grammatik als eine Randerscheinung. Es hat nur repräsentative Funktionen und scheinbar keine weitere, vor allem keine eigene Bedeutung; mit der Welt oder den Gegenständen der Rede hat es nichts zu tun. Für das Sprechen hingegen ist es wesentlich, denn es bestimmt die personalen Relationen der Sprecher. Wie das Verbum ist es damit kein unterscheidendes Merkmal verschiedener Sprachen, sondern Bedingung von Sprache überhaupt, es gehört zu ihrem allgemeinen Typus – gleichgültig, ob und wie es in der Grammatik einer besonderen Sprache markiert ist.

Die Wirklichkeit der Sprache ist die ursprünglich von einem Subjekt geäußerte und von einem anderen Subjekt vernommene Rede. Menschliche Subjekte aber sind keine idealen Sender und Empfänger von Informationen, keine transparenten Terminals zur Verarbeitung allgemeiner Gedanken. Sie sind vielmehr sich selbst und anderen undurchsichtige Individuen, an deren Eigensinn die Allgemeinheit der Gedanken sich bricht. Daß ein bestimmter Gedanke objektive Geltung erlange, ist subjektiv bedingt. Es ist notwendig, daß einige Subjekte ihn wirklich zu äußern und wirklich zu vernehmen in der Lage, bereit und willens sind. Umgekehrt ist es die relative Lage der Subjekte im sprachlichen Raum, welche sie als individuelle bestimmte Personen erscheinen läßt. Diese ganze Situation aber ist ein lebendiger Prozeß von fortwährend neu sich organisierenden Verhältnissen – der Subjekte zueinander (erste und zweite grammatische Person) und eben damit zur Objektivität (dritte grammatische Person). Die Subjekte bestimmen und verändern die Verhältnisse, an denen sie ihr Sein haben, im Medium der Sprache, in welchem die Gedanken zugleich objektive Geltung erlangen.

Um also die objektive Form des Denkens von der immer subjektiv bestimmten Rede unterscheiden zu können, ist es erforderlich, die allgemeinen Gedanken von den individuellen Bedingungen des Denkens zu isolieren. Wenn ich davon absehe, (a) ob ein Gedanke wirklich gedacht wird und (b) wer ihn denkt, wer ihn vernimmt, welche besondere Bedeutung er für die beteiligten Subjekte haben mag, dann löse ich aus der sprachlichen Äußerung das logische Urteil heraus. Die Aussage wird aus ihrem ursprünglichen Ort im sprachlichen Raum der im Moment anerkannten Wirklichkeit in den logischen Raum ewig möglicher Welten versetzt. Beide also, das die Rede mit der Wirklichkeit überhaupt verknüpfende ‚Verbum‘ und das die Rede in der Wirklichkeit verortende ‚Pronomen‘, machen das subjektive Moment der grammatischen Form der Sprache gegenüber der reinen Objektivität der in ihr ausgedrückten Form des Denkens aus. Durch das Verbum ist das Subjekt überhaupt mit dem Objekt, durch das Pronomen ein bestimmtes Subjekt mit anderen Subjekten verbunden.

Im Grunde kann man Verbum und Pronomen als die zwei Kategorien der ‚Grammatik des Sprechens‘ in eins fassen. Zusammengenommen nämlich sind sie die grammatische Bestimmung der Sprachform überhaupt oder, was die Grammatik betrifft, „das bildende Organ des Gedanken“ (VI 151; VII 53). Sie machen den „allgemeinen Typus“ der Sprache aus, der in allen besonderen Grammatiken ganz, aber in jeder auf individuelle Weise in Erscheinung tritt. In seiner jeweiligen Besonderung äußert sich die Verschiedenheit der grammatischen Form der Sprachen. Über diese ist aus allgemeinen Begriffen nichts weiter zu sagen. Sie muß jeweils im Ganzen gefühlt, im einzelnen beobachtet und dann mit historisch-philologischer Sorgfalt geschildert werden. Denn die Verschiedenheit der Sprachen ist individuell (vgl. VI 150f.).

3. Sprache (Lexikon) und Welt

Wer nach dem Verhältnis von Sprache und Welt zu fragen versucht, steht vor einer prinzipiellen Schwierigkeit. Welt und Sprache sind unendliche Größen, sie sind als Ganze unbestimmt und auch nicht bestimmbar. Von Anfang an hat die Philosophie daher die Frage nach dem Verhältnis von Sprache und Welt, um diese auf überschaubare Größen zu reduzieren, in die Frage nach dem Verhältnis von Wörtern und Sachen transformiert. Reden erscheint als ein Benennen (von Sachen), die Rede als aus Namen (von Sachen) zusammengesetzt, folglich orientiert sich die Bedeutungsfrage grundsätzlich am einzelnen Wort: So kann man es bei Platon in dem für die abendländische Sprachphilosophie grundlegenden und richtungweisenden Dialog *Kratylos* lesen. Wie aber beziehen sich die Wörter auf die Sachen? Oder, so muß man vom aporetischen Ende des *Kratylos* ausgehend weiter fragen, sind die Relata – Namen und Sachen – vielleicht falsch bestimmt?

a) Sprache und Welt

Es gibt und es gab schon zu Zeiten Platons die Vorstellung, es sei das Wesen der Wörter, Dinge zu bezeichnen; Dinge in der Bedeutung von möglichen Gegenständen der sinnlichen Anschauung. Mit dieser Vorstellung gerät man in eine erste Schwierigkeit, sobald man fragt, ob *alle* Wörter Dinge bezeichnen. Wenn ja, dann wären ‚Wort‘, ‚Gedanke‘, ‚ich‘, keine Wörter, denn sie bezeichnen Nicht-Dingliches. Also nein; man schränkt ein und behauptet, wenigstens einige Wörter bezeichneten Dinge. Dieser Satz sagt aber nicht mehr das Wesen der Wörter aus, denn er soll nur für einige Wörter gelten, für andere nicht. Zudem bleibt trotz der Abschwächung eine zweite Schwierigkeit. Die Einheit des Dinges, das mit einem Wort bezeichnet werden soll, müßte im voraus festgestellt sein. Was aber sind einfache Dinge? Selbst der Eigenname, dessen Funktion es ist, *ein* Ding zu benennen, faßt vieles in Raum und Zeit

Unterscheidbare zusammen und vereinigt eine Mannigfaltigkeit von Anschauungen in einem Wort. Das Wort bezeichnet also, „streng genommen, immer Classen der Wirklichkeit, selbst wenn es ein Eigenname ist, da es alsdann alle, der Zeit und dem Raume nach, verschiedenen Zustände des Bezeichneten zusammenfasst" (V 419).

Es gibt aber auch, und zwar seit der Zeit, da man sich wissenschaftlich mit der Sprache zu beschäftigen begann, den Gedanken, daß Wörter nicht Dinge, sondern Begriffe bezeichnen (die λεκτά der Stoiker). Insofern nun alle Wörter Begriffe bezeichnen, sagt diese Behauptung das Wesen der Wörter aus: „Ein Wort ist ein Laut, der einen Begriff bezeichnet. Es liegt also in dem Wort allemal Einheit des Lauts... und Einheit des Begriffs" (V 410). Damit scheint die erste der zuvor genannten Schwierigkeiten behoben zu sein. Denn wenn Wörter Begriffe bezeichnen, dann Begriffe nicht nur von Dingen, sondern von Gegenständen aller Art. Es bleibt jedoch, auf allgemeinerer Ebene, die zweite Schwierigkeit, nämlich die einer Feststellung der Einheit des Wortes, der Einheit des Begriffs und der Einheit des Gegenstands, die sich wechselseitig entsprechen sollen. Nun zeigt sich aber, daß die Rede mehr bezeichnende Elemente enthält, als sie Begriffe von Gegenständen bezeichnet. Zum Zweck der wissenschaftlichen Sprachbetrachtung half man sich hier von Anfang an – und so verfährt auch Humboldt in pragmatischer Absicht – durch die Einteilung der Elemente der Rede in lexikalische und grammatische. Die begriffsbezeichnende Funktion wird auf den lexikalischen Teil der Elemente der Rede beschränkt, die übrigen Elemente werden als nur für die logische Verknüpfung der Begriffe bedeutsam angesehen. Doch damit ist man, auf allgemeinerer Ebene, wieder bei jener abgeschwächten Behauptung angelangt: Einige Wörter bezeichnen Begriffe, andere nicht.

Die Schwierigkeit des Gedankens, daß Wörter Begriffe bezeichnen, ergibt sich mithin aus der Absicht, alle Rede als im Grunde die logische Form des Urteils abbildend anzusehen. Denn aufgrund dieser Absicht wird die Sprachreflexion genötigt, vom einfachen Wort (das dem logischen Begriff entsprechen soll) bzw. vom einfachen Satz (der dem logischen Urteil entsprechen soll) auszugehen. Sieht man von ihr ab, dann läßt sich dieselbe Definition des durch die Sprache Bezeichneten folgendermaßen allgemeiner aussagen: *Durch die Rede werden fortlaufend Begriffe unterschieden und auf diese Weise Gegenstände bestimmt.* Diese Definition gilt vor aller Einteilung der Rede in Wörter und Sätze, in grammatische und lexikalische Elemente usw., auch vor aller Einteilung des durch die Rede Bezeichneten in abstrakte und konkrete, einfache und zusammengesetzte, empirische, nicht-empirische, logische usw. Begriffe. Es bleibt also die Einsicht bewahrt, daß die Sprache niemals Dinge bezeichnet, sondern nur Begriffe – doch mit der entscheidenden Wendung, daß sie diese nicht eigentlich bezeichnet, sondern unterscheidet. Durch die Unterscheidung von Begriffen aber werden Gegenstände spezifiziert, zum Beispiel als Dinge. Dem Begriff der Dinge liegt eine Einteilung der Gegenstände in sinnliche und nicht-sinnliche zugrunde. Dinge sind die Art von Gegenständen, die sich durch den Begriff der möglichen Gegebenheit für unsere Sinne von allen anderen Arten von Gegenständen unterscheiden.

b) Die Individualität des Wortes

Dennoch bleibt die Frage: was ist, oder näher, was und wie bezeichnet bzw. bedeutet ein Wort? – Nach Humboldt steht das Wort zwischen dem Bild (Symbol) und dem Zeichen. Es hat teil an beiden. Auch hier hilft ein Verweis auf Platon. Die Ansicht des Kratylos, nach welcher der Name die Sache (natürlich) *abbilde*, und die Ansicht des Hermogenes, nach welcher der Name die Sache (konventionell) *bezeichne*, werden, in Hegelschen Worten gesagt, aufgehoben und zu Momenten des Wortes herabgesetzt. Durch das Wort und in ihm sind Begriff und Gegenstand *unterschieden.* Gewöhnlich aber, und daran knüpft zunächst auch Humboldt an, werden die Momente des Wortes, Bild und Zeichen, in der Vorstellung, die es hervorruft, nur äußerlich getrennt bzw. verbunden, so daß man sagen kann, die Vorstellung habe „neben dem objectiven Theil, der sich auf den

Gegenstand bezieht, einen subjectiven, in der Art der Auffassung liegenden" (V 418).

Unmittelbar nach der Einführung der Unterscheidung zwischen dem objektiven Gegenstand und dessen subjektiver Auffassung in der Sprache aber erinnert Humboldt an die Gedankenlosigkeit der Vorstellung, die Trennung der Wortform in einen objektiven und einen subjektiven Teil liege in der Sprache selbst und nicht vielmehr in der diese vergegenständlichenden Reflexion. „Wiederum aber bedarf es kaum der Bemerkung, dass diese Trennung nur auf der Abstraction beruht, dass das Wort keine Stätte ausser dem Denken haben kann, und ebensowenig der Gegenstand desselben" (ebd). Die Entsprechung von Wort, Begriff und Gegenstand muß nicht erst gesucht werden, so als bestünden sie jedes abgesondert durch sich und ihre Übereinstimmung sei erst herzustellen. Wie sollte man denken können, daß ursprünglich getrennte Sphären vermittelt würden? „Das Wort giebt dem Begriffe Gestaltung... und sinnliche Geltung" (V 419) – das ist sein Wesen und zugleich das des Begriffs. Denn ein Laut, der keinen Begriff bedeutet, ist kein Wort; und die Vorstellung, die nicht durch ein Wort bestimmt wird, kein Begriff. „Was der Mensch denken kann, das vermag er auch zu sagen" (V 433). Und was er nicht sagen kann, nämlich die sprachlose Vorstellung eines Gegenstands, vermag er auch nicht zu denken. Was er aber weder zu sagen noch zu denken vermag, das kann auch kein deutlicher Gegenstand für ihn sein. Der sprachlose Gegenstand und sein vollständiger Begriff sind Fiktionen der einfachen Reflexion auf die Sprache. Das ursprüngliche, dieser Reflexion vorausliegende Dasein ist die sprachliche Form, für Humboldt näher „das einfache Wort" als „das wahre Individuum in der Sprache" (V 410).

Man kann also niemals ursprünglich im Lexikon nachschlagen, wenn man die Bedeutung eines Wortes erfahren will, denn diese wird weder durch den Begriff, den das Wort erst bildet, noch durch den Gegenstand, der dem Begriff entspricht, bestimmt. Man wird durch das Lexikon aus der Sprache nicht hinausgeführt auf an sich selbst bestimmte Begriffe oder Gegenstände, sondern stets in sie zurückverwiesen. Jedes Wort hat nur aufgrund des durchgehenden Zusammenhangs aller Teile einer Sprache Bedeutung. Diesen Grundsatz faßt Humboldt auch in das Gesetz, „dass in der Sprache Alles durch Jedes und Jedes durch Alles bestimmt wird, und dies ist buchstäblich wahr" (V 394). Von diesem Zusammenhang läßt sich einiges „sogar factisch nachweisen", das meiste jedoch bleibt dunkel und undeutlich. Wie nach Leibniz die unendliche zusammenhängende Folge der unbewußten Vorstellungen (petites perceptions) alle unsere bewußten Vorstellungen (apperceptions), folglich auch unsere deutlichen Begriffe trägt und bestimmt, so ist es nach Humboldt die dunkle Empfindung des unendlichen Zusammenhangs der Sprache, aus welcher heraus Subjekte Begriffen Gestaltung geben, und eine entsprechende Empfindung, aus welcher heraus andere Subjekte diesen Begriffen Geltung gewähren.

c) Die Nicht-Identität der Bedeutung

Als Individuum ist das Wort auf seine Sprache als auf seine Welt bezogen. Doch diese sprachliche Welt ist nicht mehr die Eine Welt als die für alles Denken verbindliche von Gott geschaffene, folglich sprachfreie *omnitudo realitatis* (Gesamtheit der Wirklichkeit), sondern selbst eine individuelle Form, die sich im Wechselspiel mit anderen individuellen Formen gebildet hat und ständig wandelt. Damit wird der Identität der Bedeutung der vermeintlich feste Boden entzogen. Ihre einfache Negation aber, die bloße Nicht-Identität der Bedeutung wäre das Ende der Sprache. Einem Zerfall der Bedeutung in die bloße Bedeutungslosigkeit durch die notwendig gewordene Aufhebung ihrer Identität begegnet Humboldt mit dem Gedanken einer *doppelten Modifikation* der Bedeutung im wirklichen Wort. Durch diesen Gedanken werden die zwei notorischen Ängste, die der sprachphilosophische Zweifel an den Voraussetzungen des metaphysischen oder des erkenntnistheoretischen Fundamentalismus auch heute noch provoziert, nämlich die Skylla des Relativismus und die Charybdis des Solipsismus überwunden.

Das vergleichende Sprachstudium macht deutlich, daß der

Zusammenhang aller Wörter in jeder Sprache ein anderer ist. Diese Tatsache ist der Grund dafür, daß es keine strenge Synonymie zwischen „gleichbedeutenden" Wörtern verschiedener Sprachen geben kann (GS V 420; vgl. IV 248). Doch der Sprachvergleich dient, was diese Frage betrifft, nur dazu, das Moment der Nichtidentität der Bedeutungen an auffallenden Beispielen deutlich zu machen. Die „strenge und ganz genaue Analyse" findet dasselbe notwendig in aller Bedeutung (V 436). Denn das die Bedeutung tragende und bestimmende Sprachgefühl, die dunkle Empfindung des Zusammenhangs eines jeden Wortes mit dem unendlichen Gewebe einer Sprache im Ganzen ist wie jede Empfindung subjektiv, mithin individuell verschieden. In jedem Subjekt klingen bei demselben Wort andere Vorstellungen an, in jedem geht die Analogiebildung andere Wege. Oder anders ausgedrückt, *jedes Subjekt versteht dasselbe Wort als Teil eines anderen Gewebes;* dies ist der präzise Sinn des Satzes, daß jeder Mensch, selbst wenn er dieselben Worte verwendet, eine andere Sprache spricht. Denn das Wort ist „als Bestandtheil der Sprache, als Object der Sprachuntersuchung, nur eine allgemeine, auf verschiedene, jedoch durch seine Natur beschränkte Weise individualisirbare Form". So als eine beschränkte, aber doch allgemeine Form besitzt das Wort eine „gewisse" – man kann auch sagen: eine ungewisse – „Weite für die Möglichkeit verschiedenartiger Vorstellungen", es ist noch unbestimmt. Auf dieser Unbestimmtheit aber beruht die Möglichkeit, daß „bei der Einerleiheit der allgemeinen Sprache dennoch jedes [Individuum] seine eigene haben kann" (V 418). Das Subjekt modifiziert die (als allgemein vorausgesetzte) Bedeutung nach seiner Art, so bildet es seine Sprache. Danach scheint die in der allgemeinen Sprache noch ungewisse Bedeutung als fester individueller Sprachbesitz vollständig bestimmt zu werden.

Doch das Subjekt macht Erfahrungen, gerade indem es versteht und spricht. Auf diese Weise wird durch den Gebrauch selbst die Bedeutung nochmals modifiziert, so daß das Wort „wahrhaft seine Vollständigkeit und Individualität nur in dem jedesmaligen Denken hat" (V 418). Die einfache individuelle

Modifikation der Bedeutung würde die allgemeine Sprache nur in untereinander fremde Privatsprachen zerschlagen. Es ergäbe sich die widersinnige Vorstellung, daß jedes Individuum mit gleichlautenden Worten konstant verschiedene Begriffe verbände. Verständigung im Sinn einer wechselseitigen Bildung der Subjekte im Medium der gemeinsamen Rede wäre bei äußerlich gleicher Sprache ebenso unerklärlich wie zwischen äußerlich ungleichen Sprachen. Die Modifikation der Modifikation aber hebt die vollständige Bestimmtheit der Bedeutung auf, indem sie die Vorstellung vom festen Gefüge einer bestimmten Sprache verflüssigt. Im Licht der Freiheit des Subjekts, die Sprache den Umständen entsprechend nach Gelegenheit und Bedarf anders und anders – in (un)gewissen Grenzen – gebrauchen zu können, erscheint die Bestimmtheit der Bedeutung nurmehr als ein Moment der im anderen Moment verklingenden Rede. Nur der Gedanke der doppelten Modifikation oder der doppelten bestimmten Negation der allgemeinen Bedeutung eines Wortes gewährt einen Begriff von der Sprache als dem allgemeinen Medium für die sich wechselseitig be-stimmende Darstellung individueller Subjekte. „Eigentlich aber wird unter demselben Schall jedesmal ein andres Wort ausgesprochen. Denn nur das wirklich gedachte oder gesprochene ist das eigentliche Wort, das sich gleichsam todt in der Sprache forterbende nur die immer wieder, und immer etwas anders belebte Hülle " (V 422).

d) Sprachliche Weltansichten

Der Gedanke von der doppelten Modifikation der Bedeutung im wirklichen Wort ist die logische Grundlage der bekannten Humboldtschen These von den sprachlichen Weltansichten. In jedem gesprochenen Wort klingt eine ganze Sprache an. Mit der (äußeren) Gleichheit des Wortes aber verbindet sich die (innere) Verschiedenheit der Sprache, von der die Bedeutung des Wortes getragen wird. Nur das Wort wird ausgesprochen. Man kann sich wohl darüber verständigen, welche Merkmale mit seinem Begriff deutlich gedacht werden sollen, niemals aber festlegen, welche anderen Vorstellungen und in welchem Grad von Klarheit oder Dunkelheit bei dem jeweiligen Erklingen derselben ‚Hülle‘ des Begriffs mitverstanden werden. Denn dem Ganzen der Sprache entspricht ein Ganzes der Gegenstände. Zwar muß dieses, als ein Ganzes, immer schon irgendwie eingeteilt sein. Der deutlich erkannte einzelne Gegenstand aber ist, wie der durch ein Wort gebildete deutliche Begriff, nur ein kunstvoll herausgearbeiteter Teil jenes Ganzen. Es ist die weitgehend dunkle und nur im Sprechen und Verstehen deutlich werdende *Ansicht* des Ganzen der Gegenstände, die im wirklichen Gebrauch eines Wortes anklingt und dessen allgemeiner Form im Moment vollständige individuelle Bestimmtheit verleiht.

Zur Benennung dieses Ganzen greift Humboldt auf den schon in der Ästhetik terminologisch eingeführten Begriff der *Welt* zurück. Der Inbegriff aller meiner Vorstellungen, alles, was für mich auch nur die geringste Bedeutung hat, und vor aller näheren Einteilung, *als was* es im einzelnen Bedeutung haben mag, das ist für mich die Welt. Da ich aber einen vernünftigen Begriff von mir selbst nur habe, indem ich mich als ein von anderen unterschiedenes Subjekt ansehe, und da der Begriff von der Andersheit der anderen Subjekte nur das enthält, daß diese die Welt jeweils anders ansehen, begreife ich den Inbegriff aller meiner Vorstellungen notwendig als *meine* Weltansicht. Humboldt drückt dies in seiner Sprache, die sich immer nur gerade so viel, wie unbedingt erforderlich ist, um den neuen Gedanken anzudeuten, von der gewöhnlichen Ausdrucksweise entfernt, so aus: „Da aller objectiven Wahrnehmung unvermeidlich Subjectivität beigemischt ist, so kann man schon unabhängig von der Sprache jede menschliche Individualität als einen eignen Standpunkt der Weltansicht betrachten" (V 387 = VI 179 = VII 60). Die Abstraktion von der Sprache in diesem Zitat ist allerdings nur fiktiv und hat methodische Gründe. Denn die menschliche Individualität bildet sich als eine solche gerade nur in ihrer und durch ihre Sprache. Für sie unterscheiden sich das Denken und seine Welt jeweils genau so, wie es ihr gelingt, beide in Worten zu artikulieren. In diesem Sinne sprachlich bedingt, sind beide Seiten, das Denken und die Welt, irreduzibel vielfältig geworden. Und im Blick auf diese Unterscheidung von Denken und Welt, die selbst eine sprachlich vermittelte historisch gegebene Unterscheidung ist, teilt sich die Sprache selbst ein in Grammatik und Lexikon.

Die ständige Modifikation der Bedeutung durch den Gebrauch der Worte hält sich in den Grenzen der Verständlichkeit. Dadurch werden die Bedeutungen einerseits stabilisiert, ohne zu ewigen Ideen zu erstarren, andererseits werden sie flexibilisiert, ohne ins Chaos der Bedeutungslosigkeit zu versinken. So bildet sich der Sinn der Rede. Diese Bildung aber geschieht durch „die sich ewig wiederholende Arbeit des Geistes, den articulirten Laut zum Ausdruck des Gedanken fähig zu machen" – dies ist die berühmte Humboldtsche Bestimmung der „Sprache, in ihrem wirklichen Wesen aufgefasst", nämlich nicht als „Werk (Ergon)", sondern als „Thätigkeit (Energeia)", oder „die Definition des jedesmaligen Sprechens" (VII 45 f.).

4. Das Problem des Verstehens

Wenn wir nicht alle in ein und derselben Welt leben, sondern jeder seine eigene Weltansicht bildet, wie wir nicht alle ein und dieselbe Sprache sprechen, sondern jeder die Worte der anderen auf seine eigene Weise zu interpretieren genötigt ist, wie ist dann gegenseitiges Verstehen überhaupt als möglich zu denken? Es geht dabei nicht um die Frage, ob wir uns verstehen können. Denn wir verstehen uns offenkundig, wenn auch nicht immer und überall und niemals vollkommen. Sondern es geht um die Frage, welchen *Begriff* wir uns von unserem Verstehen machen können. Und da zeigt es sich, daß die scheinbar so natürliche, näher besehen aber nur eben gewöhnliche Vorstellung, nach welcher zwei Individuen sich dann verstehen, wenn sie in (vorsprachlichen) Gedanken über (außersprachliche) Gegenstände übereinstimmen, nicht einlösbar ist. Das wahre tertium comparationis der Verständigung ließe sich nur aus einer göttlichen Perspektive bestimmen, die einzunehmen auch die Philosophen nicht mehr willens und in der Lage sind. So bleiben uns zur Überprüfung der Worte und ihrer Wahrheit oder ihrer Über-

Abb. 8: Wilhelm von Humboldt als preußischer Gesandter in London, der letzten Station seines diplomatischen Dienstes (von Oktober 1817 bis Oktober 1818). Gemälde von Sir Thomas Lawrence, 1817.

einstimmung mit der Natur der Dinge – nur andere Worte: Worte, die im Moment unstrittig sind und folglich als Kriterium für strittige Worte gelten können.

Das Problem des Verstehens, d.h. das Problem, einen verständlichen Begriff des Verstehens zu entwickeln, ist das Grundproblem aller Sprachphilosophie. Am Leitfaden dieses Problems sollen daher im folgenden die Eigentümlichkeit des Humboldtschen Sprachbegriffs charakterisiert und seine philosophische Bedeutung aufgezeigt werden. Es geht dabei (a) um das Problem der Begriffsbildung in Denken und Sprechen sowie in Sprechen und Widersprechen, (b) um die personalen Relationen in der Rede und (c) um den Prozeß der Individualisierung des Ich durch die ‚Arbeit des Geistes‘ in Erkennen und Verstehen.

a) Das Denken und der Widerspruch

„Subjective Thätigkeit bildet im Denken ein Object. Denn keine Gattung der Vorstellungen kann als ein reines Beschauen eines schon vorhandenen Gegenstandes betrachtet werden" (VI 155). Im vernommenen Wort hat die Vorstellung selbst eine sinnliche Gestalt. In ihm wird sie „der subjectiven Kraft gegenüber, zum Object, und kehrt, als solches aufs neue wahrgenommen, in jene zurück" (ebd.). Nur im Wort hat das Denken einen ihm angemessenen Gegenstand, den deutlichen Begriff. Denn allein in ihm wird die Vorstellung „in wirkliche Objectivität hinüberversetzt, ohne darum der Subjectivität entzogen zu werden". Und ohne diese Versetzung wäre „die Bildung des Begriffs, mithin alles wahre Denken unmöglich. Ohne daher irgend auf die Mittheilung zwischen Menschen und Menschen zu sehn, ist das Sprechen eine nothwendige Bedingung des Denkens des Einzelnen in abgeschlossener Einsamkeit" (ebd).

Das Sprechen ist damit als eine notwendige Bedingung des Denkens bestimmt. Aber es ist noch nicht begriffen als dessen hinreichende Bedingung. So verstanden, bringt es die Objektivität, die das Denken sucht, nicht wirklich zustande. Denn die Welt, die es einsam bildet, läßt sich nicht von einem „Traumbilde" unterscheiden (V 381). Humboldt beschreibt den Mangel dieses unvollständig entwickelten Begriffs des Sprechens so: „Das Wort ist kein Gegenstand, vielmehr den Gegenständen gegenüber etwas Subjectives, dennoch soll es im Geiste des Denkenden ein Object, von ihm erzeugt und auf ihn zurückwirkend werden" (VI 160). Die Objektivität, die das subjektiv befangene Denken sucht, ist die Wahrheit als „das unbedingt Feste" (VI 173). Doch dieses kann es in sich selbst nicht finden. Denn es ist „ein fortschreitendes Entwickeln, eine blosse innere Bewegung, in der nichts Bleibendes, Stätiges, Ruhendes angenommen werden kann" (VI 154), selbst also das jener Wahrheit Entgegengesetzte. Das ausgesprochene und vernommene Wort teilt diese flüchtige Natur gerade dadurch, daß es sich als dem Denken angemessen erweist. Es hat Dasein nur im Moment seines Vergehens, folglich kann es dem Denken auch nur momentane Objektivität verleihen.

Wie aber gewinnt das Denken in der Rede objektive Gültigkeit? Ein Mensch allein würde weder die Welt noch sich selbst verstehen. Er könnte sich nicht im Denken orientieren und kein Selbstbewußtsein bilden. Das natürliche Individuum würde zugrunde gehen, bevor es zu einem geistigen Individuum geworden wäre. Über das damit angesprochene „Geheimniss der Individualität, in welchem das Wesen und Schicksal der menschlichen Natur verborgen liegt", läßt sich nach Humboldt zwar „kein eigentlicher Aufschluss erwarten". Etwas aber wird auch hier wieder deutlich, nämlich „dass die Individualität des Menschen nur auf sehr bedingte Weise bloss in dem Einzelnen liegt" (V 29); und näher: „das Gefühl in ihm fordert Erwiederung, die Erkenntniss Bestätigung durch fremde Überzeugung ... sein ganzes innerstes Daseyn das Bewusstseyn eines entsprechenden ausser ihm, und je mehr sich seine Kräfte erweitern, in desto weiteren Kreisen bedarf es dieser zustimmenden Berührung" (ebd). Einfacher ist dieses Verweisen der Individualität auf ihr entsprechende andere Individualität damit angedeutet, daß ein Individuum für sich allein nicht sprechen lernen kann, mithin auch die notwendige Bedingung des Denkens nicht erfüllt.

„Die Sprache muss nothwendig zweien angehören, und gehört in der That dem ganzen Menschengeschlecht an" (VI 180). Dies ist das andere wesentliche Moment ihres Begriffs. Die Sprache vermittelt nicht nur ein Subjekt mit Objekten, sondern auch Subjekte untereinander. Genauer, jene Vermittlung vollendet sich nur, insofern diese gelingt. Denn der Begriff des Gegenstands wird im Denken „erzeugt, indem er sich aus der bewegten Masse des Vorstellens losreisst, und dem Subject gegenüber zum Object bildet" (VI 160). Das geschieht in der wirklichen Artikulation des Wortes. An dieser Stelle läßt Humboldt die notwendige Einschränkung und zugleich Ergänzung folgen: „Es genügt jedoch nicht, dass diese Spaltung in dem Subjecte allein vorgeht,...". Denn die subjektive Äußerung allein gewährt nur momentane Objektivität, sie kann den Gedanken nicht festhalten. „... die Objectivität ist erst vollendet, wenn der Vorstellende den Gedanken wirklich ausser sich erblickt, was nur in einem andren, gleich ihm vorstellenden und denkenden Wesen möglich ist" (ebd).

Es liegt also an einem unvollständigen Begriff der Sprache, wenn diese nur als eine notwendige, nicht aber als die hinreichende Bedingung des Denkens erscheint. Ein Ausdruck dieser Unvollständigkeit ist der gedankenlose Sprachgebrauch, der dem Sprechen das Hören gegenüberstellt und in beiden zusammengenommen das vermittelnde Wesen der Sprache erfaßt zu haben meint. Denn Sprechen und Hören sind die beiden Seiten einer identischen geistigen Tätigkeit, keine Seite fügt der anderen etwas hinzu. Deshalb konnte die Sprachwissenschaft das kommunikationstheoretische Sender-Empfänger Modell übernehmen und die Vorstellung des idealen Sprecher-Hörers bilden; beide Seiten sind austauschbar. Und deshalb erwähnt Humboldt das Hören im Zusammenhang mit (seiner Kritik an) der solipsistischen Abstraktion des Sprachbegriffs (vgl. VI 155; VII 55); der Begriff des Hörens erfüllt sich, ohne daß man „irgend auf die Mittheilung zwischen Menschen und Menschen" sehen müßte.

Der wahre Gegensatz in der Sprache aber ist ein anderer, einer, der die individuelle Verschiedenheit der Sprecher darstellt. Sprechen und Widersprechen, Wort und Antwort, Anrede und Erwiderung sind die beiden wahrhaft sich gegenseitig fordernden, irreduziblen, nicht austauschbaren Momente des vollständigen Begriffs der Sprache. Folglich beendet Humboldt die Darlegung der solipsistischen Abstraktion des Sprechens mit dem Einwand: „In der Erscheinung entwickelt sich jedoch die Sprache nur gesellschaftlich" (VI 155). Der Hinweis auf die Erscheinung bedeutet keine Einschränkung. Denn das Sprechen ist nichts anderes als die Erscheinung des Denkens. Es zeigt sich hier, daß zum Begriff des endlichen, durch die Sprache notwendig bedingten und sich im Sprechen artikulierenden Denkens anderes ebenso bedingtes Denken und die Wechselbeziehung beider gehört. „Im Menschen aber ist das Denken wesentlich an gesellschaftliches Daseyn gebunden, und der Mensch bedarf ... zum blossen Denken eines dem *Ich* entsprechenden *Du* ... Der Begriff erreicht seine Bestimmtheit und Klarheit erst durch das Zurückstrahlen aus einer fremden Denkkraft" (VI 160). Das Wort, das „bloss in der Thätigkeit des jedesmaligen Hervorbringens", also nur in der Erscheinung „Daseyn" hat (V 393), dessen Dasein aber im Moment des Entstehens auch wieder vergeht, gewinnt erst in der Antwort die Objektivität eines Begriffs. So zeigt das Sprechen erst im Widerspruch, der es aufhebt, seine Wirklichkeit. „Die Sprache kann auch nicht vom Einzelnen, sie kann nur gesellschaftlich, nur indem an einen gewagten Versuch ein neuer sich anknüpft, zur Wirklichkeit gebracht werden. Das Wort muss also Wesenheit ... in einem Hörenden und Erwiedernden gewinnen" (VI 26, vgl. VI 160).

b) Personale Relationen

Die erste Bedingung des Denkens, die Vermittlung von Subjekt und Objekt durch Sprache, wird in der allgemeinen Grammatik durch die synthetische Funktion des Verbums bezeichnet; es ist das begriffsbildende Wort schlechthin, in welchem sich die Einheit von Laut und Bedeutung vollendet. Die zweite Bedingung des Denkens, die Vermittlung von Subjekten untereinander, wird in der allgemeinen Grammatik durch die Unterscheidung der drei grammatischen Personen bezeichnet; durch sie verortet sich die Rede in der Wirklichkeit (zu beiden vgl. o. V, 2. c). Diese Verhältnisse bedürfen nun einer näheren Erörterung, denn in ihnen vollendet sich der Begriff der menschlichen Rede.

Es leuchtet unmittelbar ein, daß Ich für sich allein nichts ist, daß es vielmehr nur in Unterschied zu anderem etwas sein kann. Man könnte aber meinen, ursprünglich sei nur die Unterscheidung zwischen einem Ich und seinen Gegenständen, alle weitere Einteilung letzterer in er, sie und es oder in andere Arten von Gegenständen sei sekundär. Doch diese Meinung gründet wieder in der solipsistischen Vorstellung vom Monolog eines unwirklichen Denkens, das eine unwirkliche Scheinwelt nach eigener Willkür einzuteilen wähnt. Durch die bloße Unterscheidung von Subjekt und Objekt wird weder das Objekt vollendet, noch wird das Subjekt wirklich unterschieden. Gegenüber der dritten Person allein kann sich die erste nicht bilden: „*Ich* und *Er* sind an und für sich selbst verschiedne, so wie man eines von beiden denkt, nothwendig einander entgegengesetzte Gegenstände, und mit ihnen ist auch Alles erschöpft, denn sie heissen mit andren Worten *Ich* und *Nicht-ich*" (VI 160f.). Solange das Ich allein vom Nicht-Ich unterschieden wird, ist jenes nur die Kehrseite von diesem und nicht wirklich etwas anderes. Unter Gegenständen gibt es nur Gegenstände, keine Person. Was Ich sein soll, erscheint nur als komplementäres Objekt seiner Objekte, selbst also nicht wahrhaft als Ich.

Bewegung und Vielfalt kommt in die Betrachtung erst durch die zweite Person. „*Du* aber ist ein dem *Ich* gegenübergestelltes *Er* ... In dem *Du* [liegt] Spontaneitaet der Wahl" (161). Durch diese Wahl, in der sich die Freiheit des Subjekts unmittelbar dadurch kundtut, daß es anderes *nicht* zum Du erwählt, wird das Du aus der „Sphäre aller Wesen" herausgehoben und dem Ich „gegenübergestellt". Mit der Gegenüberstellung von Subjekten in der ersten und der zweiten Person verändert auch die dritte Person ihr Wesen. „In dem *Er* selbst liegt nun dadurch, ausser dem Nicht-*Ich*, auch ein Nicht-*Du*, und es ist nicht bloss einem von ihnen, sondern beiden entgegengesetzt" (ebd). Der Gegenstandscharakter des durch die dritte Person Bezeichneten bleibt zwar erhalten; er wird überhaupt erst dadurch vollendet, daß die dritte Person, zum gemeinsamen Gegenstand der beiden ersten Personen erhoben, *als* Gegenstand festgehalten werden kann. Aber sie ist nun Gegenstand für verschiedene Subjekte. Eine solche Entgegensetzung nach mehreren Seiten hin ist nicht mehr kontradiktorisch, der vollendete Gegenstand folglich offen für verschiedene Ansichten; er partizipiert an der Unbestimmtheit der Subjekte. Umgekehrt wäre das Subjekt, vorgestellt als nur dem Objekt entgegengesetzt, selbst nur ein Objekt, „das mit diesen Eigenschaften versehene, in diesen räumlichen Verhältnissen befindliche Individuum" (VI 162). Von personalen Verhältnissen wäre abstrahiert. Nicht-Ich reihte sich an Nicht-Ich, objektiv, beziehungslos, gegeneinander gleichgültig. Erst dem Du gegenüber bildet sich das Ich: Es begreift sich als das „sich in diesem Augenblick einem Andren im Bewusstseyn, als ein Subject Gegenüberstellende" (ebd).

Die personalen Verhältnisse der Rede lassen sich auch genetisch auseinanderlegen: In Wahrheit bestimmt sich das Subjekt nicht primär am Objekt, sondern gegenüber anderen Subjekten. Nur in ihnen kann es sich – als ein anderes – selbst erkennen und ein Selbstbewußtsein entwickeln. Zunächst allerdings erscheint für es, das seine Subjektivität nur erst dunkel fühlt, alles außer ihm als bloßes Nicht-Ich, Objekt für seine eigene Bestimmung. Die erste Vorstellung, die das Ich auf diese Weise von sich selbst gewinnt, ist die eines anderen Objekts, eines Nicht-Ich. Es spricht von sich in der dritten Person. Allein auf sich selbst gestellt, wäre es nicht in der Lage, einen Begriff von sich als Ich zu bilden. Doch in der Regel stellt sich ihm ein anderes Subjekt entgegen und gebietet durch Worte seinem unmittelbaren Umgang mit den Objekten Einhalt. Das Ich wird angesprochen: Die Dinge sind nicht so, wie sie Dir erscheinen. Indem das Ich diese Anrede versteht, ist sein unmittelbarer Kontakt zu den Objekten unterbrochen. Diese zeigen sich in verschiedenen Ansichten. Ich entdeckt sich als ein Subjekt, das Ansichten hat, indem es erfährt, daß andere Ansichten als die seinen wirklich Bedeutung haben. Die Ansicht, die gegenwärtig mächtig ist, zeigt die Gegenstände, wie sie wirklich sind. Sie konstituiert die im Moment absolut erscheinende Realität. Ihr gegenüber, nicht etwa gegenüber einer stets nur fingierten Unmittelbarkeit der Objekte, lernt das Ich, sich zu verhalten. Doch indem es sich verhält, entdeckt es zugleich, daß es sich auch anders verhalten könnte. Indem es sich angesprochen weiß, entdeckt es zugleich die Freiheit zu widersprechen. Indem es dann selber spricht, hat es den Schein der Realität als Schein unmittelbar durchschaut. Die Notwendigkeit des Scheins wird nur durch die Erfahrung vermittelt.

Der Gedanke, daß Ich sich nur in freier Erwiderung der freien Zuwendung, die es von einem anderen Ich erfährt, wahrhaft zum Subjekt zu bilden vermag, zeigt auch den Gegenstand, der als die dritte grammatische Person die Vermittlung der beiden ersten ermöglicht, in einem neuen Licht. Wo Subjekte sind, ist die unmittelbare Gewißheit im Umgang mit den Dingen unwiederbringlich zerstört; die Vertreibung aus dem Paradies hat stattgefunden. Die Welt ist damit zwar einerseits aus der Beschränktheit auf die gegenwärtigen Dinge befreit, erscheint aber andererseits nur noch mittelbar, nämlich als das, worüber verschiedene Subjekte sprechen. Diese sind genötigt, ihre Vorstellungen von den Gegenständen zu artikulieren. Denn Vorstellungen gewinnen Bestimmtheit nicht mehr an Objekten, sondern nur noch an Begriffen, die von anderen Subjekten anerkannt werden. An andere Subjekte also muß sich wenden, wer sich in der Welt der Gegenstände orientieren will. In der Rede begegnen sich Subjekte und bilden sich wechselseitig an eben darin gemeinsam werdenden Gegenständen. Der Inbegriff dieser Gegenstände ist die in der Rede sich ausbreitende Welt. Und das Subjekt bildet sich, indem es sich äußert und dadurch einen eigenen Standpunkt der Weltansicht entwickelt. Die Frage nach der Welt an sich wird gegenstandslos, denn die Welt erscheint nur in verschiedenen Ansichten, und zwar so, wie diese sich in dem allgemeinen Medium der Sprache reflektieren. So stellt sich in der Rede wirklich eine ‚Zwischenwelt' dar, nicht aber zwischen Ich und Nicht-Ich, denn diese lassen der Rede keinen freien Raum, sondern zwischen Ich und Du. Diese Zwischenwelt ist eine freie und zugleich gesetzmäßige – die Welt, in der wir wirklich leben. Sie wird in einem unendlichen Gespräch gebildet und stellt sich als die vielfältige Übereinstimmung und Differenz ihrer Ansichten dar.

c) Die Individualisierung des Ich

Im Verstehen vollendet sich der Begriff der Sprache als des Mediums der Bildung des Selbstbewußtseins. Wenn aber Verstehen auf Hören (Rezeption) reduziert und dem Sprechen (Produktion) entgegengesetzt wird, dann erfüllt sich der so verkürzte Begriff der Sprache im Wissen. Sprache erscheint dann als das Medium der Wissensvermittlung. Das Wissen ist objektiv, von seinen möglichen Trägern und von seiner möglichen Vermittlung unabhängig. Es läßt keinen Raum für Subjekte, nur für Fehler. Verstehen dagegen ist die Tätigkeit eines Subjekts und verweist notwendig auf andere Subjekte. In ihm bestimmen Subjekte gegenseitig ihre Standpunkte und schaffen dadurch (Zwischen-)Raum für Gegenstände. Nichts ist an sich selbst verständlich, und niemand versteht irgendetwas für sich allein; zwischen uns jedoch wird vieles verständlich. In Humboldts Worten: „Der Mensch versteht sich selbst nur, indem er die Verstehbarkeit seiner Worte an Andren versuchend geprüft hat" (VI 155).

Die flüchtige Vorstellung verfestigt sich nur zum Begriff, indem ich sie in Worten äußere und andere Subjekte diese Äußerung durch ihre Worte bestätigen. Nur fortwährende Bestätigung begründet den wirklichen Gegenstand der Erscheinung (phaenomenon bene fundatum) und bewahrt ihn vor dem Abgleiten in eine Scheinobjektivität. Und nur gegenüber einer so begründeten Realität kann sich ein Selbstbewußtsein bilden und stabilisieren. Diese Realität ist die anerkannte Realität. Und nur im Raum solcher Anerkennung hat das Selbstbewußtsein Dasein. Verstehen ist aber nicht mit jener Bestätigung gleichzusetzen. Diese ist nur das erste Moment des Verstehens, sie vermittelt das notwendige Vertrauen, ohne welches kein Subjekt fähig wäre, den Widerspruch anderer Ansichten zu ertragen. Wenn das Selbstbewußtsein genügend Bestätigung erfahren und sich daran gebildet und gestärkt hat, wird es in der Lage sein, den

Widerspruch als die Äußerung der Ansicht anderer Subjekte zu verstehen. Aber es ist auch noch in diesem Fall der ausgesprochenen Nichtübereinstimmung der Ansichten darauf angewiesen, irgendwie verstanden zu werden. In der Tat wird das Subjekt gerade im Widerspruch besonders ernst genommen. Erst wenn man ihm nicht mehr widerspricht, sondern es nur noch behandelt, wird sein geistiges Dasein zerstört.

Nun können Subjekte nichts voneinander *wissen*. Denn ein Subjekt ist genau das, was nicht, weder in der Theorie noch in der Praxis, zum Objekt gemacht werden kann. Sie können sich aber verständigen, indem sie sich gegenseitig Ansichten von Gegenständen mitteilen. Aber auch dies geschieht keineswegs selbstverständlich. Denn sie verfügen nicht bedingungslos über das allgemeine Medium der Mitteilung, in welchem allein Gegenstände sich unterscheiden. Dem Subjekt fehlt zunächst jede Vorstellung davon. Es muß in das allgemeine Medium und damit zugleich in die gemeinsame Welt der Gegenstände von anderen Subjekten eingeführt werden. Es muß in die Gemeinschaft aufgenommen sein und sich aufgehoben fühlen, bevor es Gegenstände im allgemeinen Medium ihrer Erscheinung zu unterscheiden vermag. Denn die Allgemeinheit des Mediums besteht darin, daß die in es hinein sich äußernden Subjekte etwas voraussetzen, von dem sie nichts wissen können – etwas ihnen allen Gemeinsames.

Dieses in allem Verstehen notwendig als gemeinsam Vorausgesetzte erscheint auf seiten der Gegenstände als die Gesetzmäßigkeit der Natur, auf seiten des Mediums ihrer Erscheinung als die Gesetzmäßigkeit der Sprache. Auf dieser Gesetzmäßigkeit beruht ihre Verständlichkeit, die der Sprache wie die der sprachlich bestimmten Natur. Wenn ich nun, um allgemein verstanden zu werden, meine Worte an dieser Gesetzmäßigkeit orientieren will, kann ich nur der Ansicht folgen, die ich mir von ihr gebildet habe. Denn die Natur selbst ist dunkel, die der Gegenstände ebenso wie die der Sprache. Wenn ich also wirklich verstanden werden will, muß ich meine Worte daran orientieren, wie diese Gesetzmäßigkeit sich nach meiner Ansicht in der Ansicht der Angesprochenen darstellt. Doch diese Ansicht kenne ich nie genau. Denn man kann zwar eine einzelne Ansicht allgemein mitteilen, aber der Inbegriff aller Ansichten eines Individuums, in welchem die einzelne allein wirkliche Bedeutung hat, kann niemals vollkommen deutlich werden. Er ist der Standpunkt des Individuums, seine geistige Individualität. Diese wird als solche nicht mitgeteilt, sie wird aber durch die Annahme neuer Ansichten modifiziert. Ich kann also durch die Mitteilung meiner Ansichten andere wohl dazu anregen, ihre Ansichten zu ändern, aber sie müssen dies von sich aus und notwendig in Übereinstimmung mit ihrem eigenen Standpunkt tun. Verständnis kann nicht erzwungen werden; es wird allein durch die Antwort gewährt; und es kann nicht geprüft werden. Damit aber wird deutlich, daß strenggenommen jede Äußerung, wenn sie wirklich verstanden wird, notwendig anders verstanden wird, als sie gemeint war; denn sie wird in einem anderen Zusammenhang von Ansichten, das heißt von einem anderen Standpunkt aus verstanden: „Alles Verstehen ist daher immer zugleich ein Nicht-Verstehen ... alle Übereinstimmung in Gedanken und Gefühlen zugleich ein Auseinandergehen" (VI 183).

Das Subjekt kann die allgemeine Sprache nur in der Weise seines individuellen Gebrauchs derselben erlernen, wie es die allgemeine Natur der Gegenstände nur durch die Bildung eines eigenen Standpunkts der Weltansicht erfahren kann. So erweist sich das Medium der Vermittlung von Subjekten zugleich als das Medium ihrer Individualisierung. Die Sprache „verbindet, indem sie vereinzelt" (VI 125). Um überhaupt einen objektiven Begriff von Gegenständen und damit von sich selbst gewinnen zu können, muß das Subjekt nach Allgemeinheit seiner Vorstellungen streben. In der Tat aber differenziert es dabei nur immer deutlicher seinen eigenen Standpunkt gegenüber dem Standpunkt derer, von denen es sich Anerkennung erhofft. Immer weniger gelingt es ihm, sich mit anderen Subjekten zu identifizieren, immer mehr ist es aufgrund dieser Erfahrung in der Lage, die anderen als andere Subjekte zu verstehen. Solange aber und soweit ein freier Raum der Anerkennung besteht und ein Gespräch stattfindet, setzt sich der Prozeß der Individualisierung des Ich durch gegenseitiges Verstehen ununterbrochen fort. „Tief innerlich nach jener Einheit und Allheit ringend, möchte der Mensch über die trennenden Schranken seiner Individualität hinaus, muss aber gerade ... seine Individualität in diesem höheren Ringen erhöhen. Er macht also immer zunehmende Fortschritte in einem in sich unmöglichen Streben" (ebd). Es besteht jedoch kein Grund zur Klage. Vielmehr ist die falsche Vorstellung von der Möglichkeit eines solchen Fortschritts das Bedenkliche. Sie entspringt dem Wunsch, sich ein objektives Bild des Subjekts zu machen, und verführt damit zum Versuch der Reduktion der Individualität auf einen allgemeinen Begriff.

Im wirklichen Verstehen lassen sich Subjekte gegenseitig frei. Jedes gesteht dem anderen zu, eigene Ansichten der Gegenstände zu haben, solange diese ihm nur irgendwie verständlich erscheinen. Die Verständlichkeit begrenzt den Raum der Anerkennung, der durch den Entschluß zum Gespräch eröffnet wird. – Die Wissenschaft dagegen befaßt sich mit Gegenständen, denen sie nicht das Recht einräumt, sich selbst zu äußern. Sie bleiben als dritte Personen von jedem Gespräch ausgeschlossen, man spricht über sie. Der Wissenschaft entspricht die Technik. Beide üben Gewalt an Gegenständen. Die Gegenstände zeigen ihre Macht, indem sie Widerstand entgegensetzen; der Gewalt kann man nur widerstehen, nicht widersprechen. – Die Spontaneität in der Wahl des Du stellt es dem Ich prinzipiell frei, wie es das Nicht-Ich (die Welt) in Subjekte und Gegenstände einzuteilen gedenkt, *wen* es verstehen, *was* es wissen will. Die Frage, welche Erscheinungen es als Subjekte, d.h. als seinesgleichen, anzuerkennen vermag, ist eine empirische Frage. Die Frage einer Grenzziehung zwischen der zweiten und der dritten Person wird aus dieser Humboldtschen Sicht zur Grundfrage einer Ethik der Individualität.

Anhang

Zeittafel

1740–86	Friedrich II., der Große (*1712), König von Preußen
1767	22. 06., Wilhelm von Humboldt in Potsdam geboren
1769	14. 09., Alexander von Humboldt in Berlin geboren
1779	06. 01., Vater Alexander Georg gestorben
1781	Kant, *Kritik der reinen Vernunft*
1784	Herder, *Ideen zur Philosophie der Geschichte der Menschheit*, 1. Teil
1786–97	Friedrich Wilhelm II. (*1744), König von Preußen
1787–88	Ein Semester juristisches Studium in Frankfurt/Oder
1788–89	Drei Semester allgemeinbildendes Studium in Göttingen
1788	Herbst, Bildungs- und Besuchsreise durchs Reich
1789	14. 07., Sturm auf die Bastille
1789	Juli–Dezember, Reise nach Paris und in die Schweiz
1790	Kant, *Kritik der Urteilskraft*
1790–91	Juristischer Staatsdienst in Berlin
1791	29. 06., Heirat mit Caroline von Dachroeden in Erfurt
1791–93	Leben als Privatmann, zumeist auf Burg-Oerner
1792	*Ideen zu einem Versuch, die Gränzen der Wirksamkeit des Staats zu bestimmen* (das *Grüne Buch*)
1792–97	Erster Koalitionskrieg
1794–97	Wohnsitz der Familie Humboldt zumeist in Jena, Zusammenarbeit mit Schiller
1794	Fichte, *Grundlage der gesamten Wissenschaftslehre*
1795	*Über den Geschlechtsunterschied und dessen Einfluss auf die organische Natur*
1796	14. 11., Tod der Mutter
1797–1840	Friedrich Wilhelm III. (*1770), König von Preußen
1796–98	Italien-Feldzug Napoleons
1797–1801	Wohnsitz der Familie Humboldt in Paris
1798	*Über Göthes Herrmann und Dorothea* (publiziert 1799)
1799–1804	Alexanders große Südamerikareise. Konsularregierung unter Napoleon
1799–1800	Spanienreise der Familie, erster Besuch im Baskenland
1800	Schelling, *System des transzendentalen Idealismus*

1801	Wilhelms zweite Reise durch die baskischen Provinzen
1802–08	Preußischer Resident beim Päpstlichen Stuhl in Rom
1803	15. 08., Tod des Sohnes Wilhelm in Arriccia (*1794)
1806	14. 10., Niederlage Preußens gegen Napoleon bei Jena
1807	Hegel, *Phänomenologie des Geistes*
	09. 07., Friede von Tilsit
1808	Alexander von Humboldt, *Ansichten der Natur*
1809	10. 02., Humboldts Ernennung zum Geh. Staatsrat und Direktor der Sektion für Kultus und Unterricht im Ministerium des Innern
	16. 08., Stiftungsurkunde der Berliner Universität (Beginn der Vorlesungen im Herbst 1810)
1810	14. 06., Humboldts Ernennung zum Außerordentlichen Gesandten und Bevollmächtigten Minister in Wien
1810–18	Verschiedene diplomatische Missionen
1812	Rußland-Feldzug Napoleons
1813	Juli/August, Prager Kongreß: Humboldt erreicht Österreichs Kriegseintritt gegen Napoleon
	16.–19. 10., Niederlage Napoleons bei Leipzig
1814–15	Humboldt mit Hardenberg als zweiter Vertreter Preußens beim Wiener Kongreß
1815	18. 06., endgültige Niederlage Napoleons bei Waterloo
	20. 11., Zweiter Pariser Friedensvertrag
1816	Humboldt in Frankfurt a. Main, Territorialverhandlungen, in Leipzig erscheint seine Übersetzung des *Agamemnon* von Aeschylos
1817–18	Humboldt als preußischer Gesandter in London
1819	11. 01., Humboldts Ernennung zum Minister für Ständische Angelegenheiten, Dienstantritt am 09. 08.
	20. 09., Karlsbader Beschlüsse
	31. 12., Humboldts Entlassung aus dem Staatsdienst
1820	29. 06. Erste Akademie-Rede (AR): *Über das vergleichende Sprachstudium in Beziehung auf die verschiedenen Epochen der Sprachentwicklung*
1821	12. 04., AR: *Über die Aufgabe des Geschichtschreibers*
1822	17. 01., AR: *Über das Entstehen der grammatischen Formen und ihren Einfluss auf die Ideenentwicklung*
1824	20. 05., AR: *Über die Buchstabenschrift und ihren Zusammenhang mit dem Sprachbau*
1824–26	(?) *Grundzüge des allgemeinen Sprachtypus*
1827	26. 04., AR: *Über den Dualis*
1827–29	(?) *Über die Verschiedenheiten des menschlichen Sprachbaues* (?) *Von dem grammatischen Baue der Sprachen*
1828	24. 01., AR: *Über die Sprachen der Südseeinseln*
1829	26. 03., Tod der Frau Caroline

	08. 05., Ernennung Humboldts zum Vorsitzenden der Kommission für die innere Einrichtung des Neuen Museums
	17. 12., AR: *Über die Verwandtschaft der Ortsadverbien mit dem Pronomen in einigen Sprachen*
1830	26. 07., Juli-Revolution in Frankreich
	15. 09., Erneute Berufung Humboldts in den Staatsrat und Verleihung des Schwarzen Adlerordens
	Veröffentlichung des Briefwechsels mit Schiller, eingeleitet durch eine *Vorerinnerung über Schiller und den Gang seiner Geistesentwicklung*
1830–35	*Über die Kawi-Sprache auf der Insel Java, nebst einer Einleitung über die Verschiedenheit des menschlichen Sprachbaues und ihren Einfluss auf die geistige Entwickelung des Menschengeschlechts,* erschienen in drei Bänden, Berlin 1836–39
1835	08. 04., Tod Wilhelm von Humboldts in Tegel
1841–52	*Gesammelte Werke,* 7 Bde., hg. Carl Brandes
1859	06. 05., Tod Alexander von Humboldts

Einführende Auswahlbibliographie

Innerhalb der Abschnitte sind die Angaben chronologisch geordnet

1. Ausgaben der Werke

1. Wilhelm von Humboldt's gesammelte Werke (WW), hg. Carl Brandes, 7 Bde., Berlin 1841–52 (ND Berlin 1988)
   Werkausgabe, veranlaßt durch Alexander, thematisch geordnet, mit Briefsammlungen (an Forster und an Wolf) und Gedichten.
2. Die sprachphilosophischen Werke Wilhelm's von Humboldt, hrsg. und erklärt von H. Steinthal, Berlin 1884
   Ausführlich und fachmännisch kommentierte Teilausgabe.
3. Wilhelm von Humboldts Gesammelte Schriften (GS), im Auftrag der (Königlich) Preußischen Akademie der Wissenschaften hrsg. v. Albert Leitzmann u. a., 17 Bde., Berlin 1903–36 (ND 1967/68)
   – 1. Abt., Werke, Bde. 1–9, 13 (Leitzmann)
   – 2. Abt., Politische Denkschriften, Bde. 10–12 (Gebhardt)
   – 3. Abt., Tagebücher, Bde. 14–15 (Leitzmann)
   – 4. Abt., politische Briefe, Bde. 16–17 (Richter)
   Bis heute maßgebliche Gesamtausgabe, textkritisch nicht unumstritten, ohne die wissenschaftliche und persönliche Korrespondenz.
4. Wilhelm von Humboldt, Werke in fünf Bänden, hg. Andreas Flitner und Klaus Giel, Darmstadt 1960–81 u. ö.

- 1. Bd., Schriften zur Anthropologie und Geschichte (1960)
- 2. Bd., Schriften zur Altertumskunde und Ästhetik. Die Vasken (1961)
- 3. Bd., Schriften zur Sprachphilosophie (1963)
- 4. Bd., Schriften zur Politik und zum Bildungswesen (1964)
- 5. Bd., Kleine Schriften, Kommentare u. ä. (1981)

Maßgebliche ‚Studienausgabe‘, die alle wichtigen Werke enthält, thematisch geordnet, durch einen sehr nützlichen Kommentarband ergänzt, nur einzelne Kostproben aus der Korrespondenz.

5. W. von Humboldt, Studienausgabe in 3 Bänden, hg. Kurt Müller-Vollmer, 2 Bde., Frankfurt am Main, 1970/71
   - 1. Bd., Ästhetik und Literatur
   - 2. Bd., Politik und Geschichte

   Sachkundig und kritisch einführende, gut kommentierte Studienausgabe, unvollständig.

6. Wilhelm von Humboldt, Schriften zur Sprache, hg. Michael Böhler, Stuttgart 1983
7. Wilhelm von Humboldt, Über die Sprache. Ausgewählte Schriften, hg. Jürgen Trabant, München 1985

   Nr. 6 und 7: zwei leicht zugängliche, kommentierte und annotierte Teilausgaben, die sich kaum überschneiden.

2. Ausgaben der Briefe

8. Mattson, Philip: Verzeichnis des Briefwechsels Wilhelm von Humboldts, 2 Bde., Heidelberg 1980 (Umdruck)

   Verzeichnis aller bekannten, auch der nicht mehr vorhandenen Briefe von und an Humboldt, mit Fund- und ggf. Druckorten.

9. Wilhelm von Humboldt. Sein Leben und Wirken, dargestellt in Briefen, Tagebüchern und Dokumenten seiner Zeit, hg. Rudolf Freese, 2. Aufl., Darmstadt 1986

   Jüngste und umfangreichste Briefauswahl mit Einführung, Erläuterungen und Namenregister, kein Ersatz für die immer noch fehlende Gesamtausgabe.

Im Text zitierte Einzelausgaben:

10. Briefe von Wilhelm von Humboldt an Friedrich Heinrich Jacobi, hg. Albert Leitzmann, Halle a. S., 1892
11. Briefe von Wilhelm von Humboldt an Georg Heinrich Ludwig Nicolovius, mit zwei Anhängen, hg. R. Haym, Berlin 1894 – Anhang 1: Jugendbriefe Humboldts an seinen Freund Beer.
12. Wilhelm und Karoline von Humboldt in ihren Briefen, hg. Anna von Sydow, 7 Bde., Berlin 1906–16
13. Goethes Briefwechsel mit Wilhelm und Alexander von Humboldt, hg. Ludwig Geiger, Berlin 1909

14. Wilhelm von Humboldts Briefe an Karl Gustav von Brinkmann, hg. Albert Leitzmann, Bibliothek des Literarischen Vereins in Stuttgart Bd. 288, Leipzig 1939
15. Wilhelm von Humboldts Briefe an Christian Gottfried Körner, hg. Albert Leitzmann, Historische Studien Heft 367, Berlin 1940
16. Der Briefwechsel zwischen Friedrich Schiller und Wilhelm von Humboldt, hg. Siegfried Seidel, 2 Bde., Berlin 1962

3. Bibliographien

17. Wilhelm von Humboldt. Bearbeitet von Fritz G. Lange, in: Karl Goedeke, Grundriß zur Geschichte der deutschen Dichtung, neu hg. Herbert Jacob, Bd. 14, Berlin 1959, 502–78; 1015–16
– *Umfangreiche Literaturverzeichnisse mit unterschiedlichen Schwerpunkten finden sich u. a. in:* Flitner/Giel Nr. 4, Bd. 5, 717–742, Müller-Vollmer Nr. 5, Bd. 2, 331–336, Berglar Nr. 24, 165–182, Welke Nr. 32, 198–212, Menze Nr. 55, 383–393, Gipper/Schmitter Nr. 75, 156–190, Trabant Nr. 91, 209–222
– *Sehr hilfreich für Spezialstudien: Detaillierte Literaturangaben, auch Hinweise auf einschlägige Abschnitte aus größeren Werken, zu den einzelnen Schriften Humboldts finden sich im* Kommentarteil von Nr. 4, Bd. 5, 285–700 pass.

4. Biographische Gesamtdarstellungen

18. Gabriele von Bülow, Tochter Wilhelm von Humboldts. Ein Lebensbild aus Familienpapieren Wilhelm von Humboldts und seiner Kinder 1791–1887, hg. Anna von Sydow, Berlin 1893, 23. Auflage 1926
19. Haym, Rudolf: Wilhelm von Humboldt. Lebensbild und Charakteristik, Berlin 1856 (ND Osnabrück 1965)
    Umfassend und noch immer grundlegend.
20. Spranger, Eduard: Wilhelm von Humboldt und die Humanitätsidee, Berlin 1909
    Erste auch philosophische Würdigung.
21. Harnack, Otto: Wilhelm von Humboldt, Berlin 1913 – aus der Reihe: Geisteshelden (Führende Geister). Eine Sammlung von Biographien, hg. E. Hofmann, Bd. 62
    Beispiel einer nationalistisch idealisierenden Darstellung.
22. Kaehler, Siegfried A.: Wilhelm von Humboldt und der Staat. Ein Beitrag zur Geschichte deutscher Lebensgestaltung um 1800. München 1927 (Neue Ausgabe Göttingen 1963)
    Kritisch-polemische Wende der Humboldtliteratur, eine psychologisierende Revision des herrschenden Humboldt-Bildes.

23. Kessel, Eberhard: Wilhelm v. Humboldt. Idee und Wirklichkeit, Stuttgart 1967
    Vermittelnde Gesamtdarstellung aus histor(ist)ischer Sicht.
24. Berglar, Peter: Wilhelm von Humboldt in Selbstzeugnissen und Bilddokumenten, Reinbek bei Hamburg 1970
    Informationsreich einführend, jedoch im Gestus des objektiven Kritikers tendenziös moralisierend.
25. Scurla, Herbert: Wilhelm von Humboldt. Werden und Wirken, Berlin 1970 und Düsseldorf 1976
    Ausführliche Lebensdarstellung des Alexander-Biographen.
26. Sweet, Paul R.: Wilhelm von Humboldt. A biography, 2 Bde., Columbus, Ohio 1978/80
    Jüngste und detaillierteste Biographie, das Werk eines amerikanischen Historikers, auf dem neuesten Stand der Forschung, aber mit wenig philosophischem Verständnis für die Texte des Autors.

5. Neuere Sammelwerke

27. Wilhelm von Humboldt. 1767 1967. Erbe – Gegenwart – Zukunft. Beiträge vorgelegt von der Humboldt-Universität zu Berlin anläßlich der Feier des zweihundertsten Geburtstages ihres Gründers, hg. Werner Hartke und Henny Maskolat, Halle 1967
28. Die Brüder Humboldt heute. Abhandlungen der Humboldt-Gesellschaft, hg. Herbert Kessler und Walter Thoms, Bd. 2, Mannheim 1968
29. Wilhelm von Humboldt. Abstand und Nähe, Drei Vorträge zum Gedenken seines 200. Geburtstages von Heinz-Joachim Heydorn, Bruno Liebrucks, Thomas Ellwein, Frankfurt am Main 1968
30. Universalismus und Wissenschaft im Werk und Wirken der Brüder Humboldt, hg. Klaus Hammacher, Frankfurt am Main 1976
31. Wilhelm von Humboldt. Vortragszyklus zum 150. Todestag, hg. Bernfried Schlerath, Berlin 1986
    Repräsentatives Gesamtbild des gegenwärtigen Forschungsstandes auf allen Gebieten, auf denen Humboldt wirkte.
32. Sprache – Bewußtsein – Tätigkeit. Zur Sprachkonzeption Wilhelm von Humboldts, hg. Klaus Welke, Berlin 1986
    Neuere sprachwissenschaftliche Humboldt-Forschung in der DDR.
33. Humboldt-Grimm-Konferenz, Berlin 22.–25. Oktober 1985, Protokollband, hg. Arwed Spreu, 3 Teile, Berlin 1986
34. Sprache und Bildung. Beiträge zum 150. Todestag Wilhelm von Humboldts, hg. Rudolf Hoberg, Darmstadt 1987
35. Poetik – Humboldt – Hermeneutik. Studien für Kurt Mueller-Vollmer zum 60. Geburtstag, hg. Helmut Müller-Sievers und Jürgen Trabant, in: Kodikas/Code. Ars Semeiotica 11, 1988, H. 1/2, 1–232
36. Wilhelm von Humboldts Sprachdenken, hg. Hans-Werner Scharf, Essen 1989

37. Leibniz, Humboldt and the Origins of Comparativism, hg. Tullio De Mauro and Lia Formigari, Amsterdam 1989 (im Druck)
Nr. 31, 33, 34, 36, 37 sind Publikationen von Tagungen aus Anlaß von Humboldts 150. Todestag mit Beiträgen aus Philosophie, Politik, Pädagogik und Sprachwissenschaft.

6. Zu speziellen Themen

Nachweise der im Text zitierten, ferner Hinweise auf die jeweils neuesten und auf besonders wichtige Publikationen.

a) Zu Leben, Politik, Staat und Geschichte (Teile I und II)

38. Massenbach, Heinrich Freiherr von: Ahnentafel der Brüder Wilhelm und Alexander von Humboldt, Ahnentafeln berühmter Deutscher, Folge 5, Lief. 11, Leipzig 1942, in: Stamm- und Ahnentafelwerk der Zentralstelle für Deutsche Personen- und Familiengeschichte, Bd. 18, Leipzig 1939–43, 169–192
39. Gebhardt, Bruno: Wilhelm von Humboldt als Staatsmann, 2 Bde., Stuttgart 1896/99
    Grundlegend und umfassend.
40. Meinecke, Friedrich: Wilhelm von Humboldt und der deutsche Staat, in: Neue Rundschau 31, 1920, 889–904 (ND in: Meinecke, Staat und Persönlichkeit, Berlin 1933)
41. Die Idee der deutschen Universität (Texte von Schelling, Fichte, Schleiermacher, Steffens, Humboldt), hg. Ernst Anrich, Darmstadt 1956 (ND 1964)
42. Gembruch, Werner: Ein Gutachten Wilhelm von Humboldts zur Emanzipation der Juden in Preußen, in: Gesellschaft. Staat. Erziehung 6, 1961, 119–127
– Müller-Vollmer, Einleitung zu Nr. 5, Bd. 2, 1971, 13–67
43. Schulze, Hagen: Humboldt oder das Paradox der Freiheit, in: Nr. 31, 1986, 144–168
44. Di Cesare, Donatella: Ermeneutica della storia e ermeneutica del linguaggio in Wilhelm von Humboldt. Un contributo alla storia dell'ermeneutica romantica, erscheint in: Intersezioni 1990
– die Texte des 4. Abschnitts dieser Bibliographie (19.–26.)

b) Zur Bildungspolitik (Teil II, 3)

45. Schelsky, Helmut: Einsamkeit und Freiheit. Idee und Gestalt der deutschen Universität und ihrer Reformen, Reinbek bei Hamburg 1963
46. Menze, Clemens: Die Bildungsreform Wilhelm von Humboldts, Hannover u.a. 1975

47. Lübbe, Hermann: Wilhelm von Humboldts Bildungsziele im Wandel der Zeit, in: Nr. 31, 1986, 241–258
48. Lübbe, Hermann: Wilhelm von Humboldt und die Musealisierung der Kunst, in Nr. 31, 1986, 169–183
49. Muller, Steven: Wilhelm von Humboldt und die Universität in den Vereinigten Staaten von Amerika, in: Nr. 31, 1986, 29–34
50. Simon, Josef: Wilhelm von Humboldt – Sprachphilosophie und Universitätsreform, Vortrag an der Universität Bonn, Juni 1987 (unveröffentlicht)

c) *Zu Anthropologie und Naturphilosophie (Teil III)*

51. Kluckhohn, Paul: Die Auffassung der Liebe in der Literatur des 18. Jahrhunderts und in der deutschen Romantik, Halle 1922, 3. Aufl. Tübingen 1966
52. Wilhelm v. Humboldts philosophische Anthropologie und Theorie der Menschenkenntnis, hrsg. und eingel. von Fritz Heinemann, Halle 1929: Einleitung des Herausgebers, VII–LXXVIII
53. Leroux, Robert: Guillaume de Humboldt. La formation de sa pensée jusqu'en 1794, Paris 1932
54. Leroux, Robert: L'anthropologie comparée de Guillaume de Humboldt, Paris 1958
55. Menze, Clemens: Wilhelm von Humboldts Lehre und Bild vom Menschen, Ratingen 1965
56. Jahn Ilse: Die anatomischen Studien der Brüder Humboldt unter Justus Christian Loder in Jena, in: Beiträge zur Geschichte der Universität Erfurt (1392–1816), Heft 14, 1968/69, 91–97

d) *Zur Philologie*

57. Stadler, Peter B.: Wilhelm von Humboldts Bild der Antike, Zürich/ Stuttgart 1959
58. Quillien, Jean: G. de Humboldt et la Grèce. Modèle et histoire, Lille 1983
59. Flashar, Hellmut: Wilhelm von Humboldt und die griechische Literatur, in: Nr. 31, 1986, 82–100

e) *Zur Ästhetik (Teil IV)*

60. Müller-Vollmer, Kurt: Poesie und Einbildungskraft. Zur Dichtungstheorie Wilhelm von Humboldts. Mit der zweisprachigen Ausgabe eines Aufsatzes Humboldts für Frau von Staël, Stuttgart 1967
61. Wohlfart, Günter: Überlegungen zum Verhältnis von Sprache und Kunst im Anschluß an W. v. Humboldt, in: Dimensionen der Sprache in der Philosophie des Deutschen Idealismus, hg. Brigitte Scheer u. Günter Wohlfart, Würzburg 1982, 40–66

62. Scheible, Hartmut: Wahrheit und Subjekt. Ästhetik im bürgerlichen Zeitalter, Bern/München 1984, darin: Die Abschaffung des Zufalls. Geschichte und Gattungspoetik bei Wilhelm von Humboldt, 223–248

63. Wohlleben, Joachim: Wilhelm von Humboldts ästhetische Versuche, in: Nr. 31, 1986, 184–211

64. Otto, Wolf Dieter: Ästhetische Bildung. Studien zur Kunsttheorie Wilhelm von Humboldts, Frankfurt am Main 1987

f) Zur Sprachwissenschaft (Teil V)

65. Steinthal, Heymann: Vorwort, Allgemeine Einleitung und Kommentare zu Nr. 2, 1884, pass.

66. Weisgerber, Leo: ‚Neuromantik‘ in der Sprachwissenschaft, in: Germanisch-Romanische Monatsschrift 18, 1930, 241–259

67. Weisgerber, Leo: Zum Energeia-Begriff in Humboldts Sprachbetrachtung, in: Wirkendes Wort 4, 1953/54, 374–377

68. Gipper, Helmut: Wilhelm von Humboldt als Begründer der modernen Sprachforschung, in: Wirkendes Wort 15, 1965, 1–19

69. Christmann, Hans Helmut: Beiträge zur Geschichte der These vom Weltbild der Sprache, in: Abhandl. der geistes- und sozialwissenschaftl. Klasse der Akademie der Wissenschaften und der Literatur Mainz 1966, Nr. 7, Wiesbaden 1967, 441–469

70. Gipper, Helmut: Wilhelm von Humboldts Bedeutung für die moderne Sprachwissenschaft, in: Nr. 28, 1968, 41–62

71. Coseriu, Eugenio: Über die Sprachtypologie Wilhelm von Humboldts. Ein Beitrag zur Kritik der sprachwissenschaftlichen Überlieferung, in: Beiträge zur vergleichenden Literaturgeschichte, Fs. Kurt Wais, hg. Johannes Hösle, Tübingen 1972, 107–135

72. Müller-Vollmer, Kurt: Von der Poetik zur Linguistik – Wilhelm von Humboldt und der romantische Sprachbegriff, in: Nr. 30, 1976, 224–240

73. Neumann, Werner: Über die Aktualität von Humboldts Sprachauffassung, in: Erbe – Vermächtnis und Verpflichtung. Zur sprachwissenschaftlichen Forschung in der Geschichte der Akademie der Wissenschaften der DDR, hg. Joachim Schildt, Berlin 1977, 101–118

74. Aarsleff, Hans: Guillaume de Humboldt et la pensée linguistique des Idéologues, in: La grammaire générale des modistes aux idéologues, hg. A. Joly und J. Stéfanini, Lille 1977, 217–241

75. Gipper, Helmut und Schmitter, Peter: Sprachwissenschaft und Sprachphilosophie im Zeitalter der Romantik, Tübingen 1979

76. Gipper, Helmut: Schwierigkeiten beim Schreiben der Wahrheit in der Geschichte der Sprachwissenschaft. Zum Streit um das Verhältnis Wilhelm von Humboldts zu Herder, in: Logos semantikos. Studia linguistica in honorem Eugenio Coseriu, Bd. 1, hg. J. Trabant, Berlin u. a. 1981, 101–115

77. Oesterreicher, Wulf: Wem gehört Humboldt? Zum Einfluß der französischen Aufklärung auf die Sprachphilosophie der deutschen Romantik, in: Logos semantikos. Studia linguistica in honorem Eugenio Coseriu, Bd. 1, hg. J. Trabant, Berlin u. a. 1981, 117–135

78. Schmitter, Peter: Kunst und Sprache. Über den Zusammenhang von Sprachphilosophie und Ästhetik bei Wilhelm von Humboldt, in: Sprachwissenschaft 7, 1982, 40–57

79. Scharf, Hans-Werner: Das Verfahren der Sprache. Ein Nachtrag zu Chomskys Humboldt-Reklamation, in: History of Semiotics, hg. Achim Eschbach und Jürgen Trabant, Amsterdam/Philadelphia 1983, 205–249

80. Trabant, Jürgen: Ideelle Bezeichnung. Steinthals Humboldt-Kritik, in: History of Semiotics, hg. Achim Eschbach und Jürgen Trabant, Amsterdam/Philadelphia 1983, 251–276

81. Junker, Klaus: Überlegungen zur Einheit der Konzeption im Gesamtwerk Wilhelm von Humboldts, in: Wissenschaftliche Zeitschrift der Humboldt-Universität zu Berlin, Gesellschaftswissenschaftliche Reihe 33, 1984, 499–503

82. Schlerath, Bernfried: Die Geschichtlichkeit der Sprache und Wilhelm von Humboldts Sprachphilosophie, in: Nr. 31, 1986, 212–238

83. Welke, Klaus: Zur philosophischen und sprachtheoretischen Begründung der Einheit von Sprache und Denken bei Wilhelm von Humboldt, in: Nr. 32, 1986, 9–67

84. Bondzio, Wilhelm: Sprache als Arbeit des Geistes, in Nr. 32, 1986, 105–126

85. Bondzio, Wilhelm: Sprache und Kreativität im wissenschaftlichen Konzept Wilhelm von Humboldts und Jacob und Wilhelm Grimms, in: Nr. 33, 1986, Teil I, 9–26

86. Ricken, Ulrich: Wilhelm von Humboldt, Jacob Grimm und das Problem des Sprachursprungs. Zur sprachtheoretischen Rezeption der Aufklärung im 19. Jahrhundert, in. Nr. 33, 1986, Teil I, 50–65.

87. Borsche, Tilman: Die innere Form der Sprache. Betrachtungen zu einem Mythos der Humboldt-Herme(neu)tik, in: Nr. 33, 1986, Teil I, 91–113; auch in: Nr. 34, 1987, 193–216 und Nr. 36, 1989, 47–65

88. Neumann, Werner: Wilhelm von Humboldt – Sprachtheorie ohne Praxis?, in: Nr. 33, 1986, Teil I, 126–139

89. Di Cesare, Donatella: Wilhelm von Humboldt: Die analogische Struktur der Sprache, in: Nr. 33, 1986, Teil I, 140–55; auch in: Nr. 36, 1989, 67–80

90. Stetter, Christian: ‚Über Denken und Sprechen‘: W. von Humboldt zwischen Fichte und Herder, in: Nr. 33, 1986, Teil I, 248–62; ausführlicher in: Nr. 36, 1989, 25–46

91. Trabant, Jürgen: Apeliotes oder Der Sinn der Sprache. Wilhelm von Humboldts Sprach-Bild, München 1986

92. Trabant, Jürgen: Gedächtnis und Schrift. Zu Humboldts Grammatologie, in: Kodikas/Code. Ars semeiotica 9, 1986, 293–315

93. Gipper, Helmut: Sprache und Denken in der Sicht Wilhelm von Humboldts, in: Nr. 34, 1987, 53–85

94. Burkhardt, Armin: Der Dialogbegriff bei Wilhelm von Humboldt, in: Nr. 34, 1987, 141–173

95. Di Cesare, Donatella: Die aristotelische Herkunft der Begriffe ergon und energeia in Wilhelm von Humboldts Sprachphilosophie, in: Energeia und Ergon. Studia in honorem Eugenio Coseriu, hg. Jörn Albrecht u. a., Tübingen 1988, Bd. 2, 29–46

96. Jäger, Ludwig: Über die Individualität von Rede und Verstehen – Aspekte einer hermeneutischen Semiologie bei W. v. Humboldt, Poetik und Hermeneutik 13, 1988, 76–94

97. Ivo, Hubert: Wilhelm von Humboldts Sprache des Diskurses. Zwischen Weltansichten und allgemeiner Grammatik, in Nr. 35, 1988, 67–104

98. Trabant, Jürgen: Phantasie und Sprache bei Vico und Humboldt, in: Nr. 35, 1988, 23–41

99. Ramischwili, Guram: Einheit in der Vielfalt. Grundfragen der Sprachtheorie im Geiste Wilhelm von Humboldts, Bonn 1988

100. Mueller-Vollmer, Kurt: Wilhelm von Humboldts sprachwissenschaftlicher Nachlaß: Probleme seiner Erschließung, in: Nr. 36, 1989, 181–204

101. Scharf, Hans-Werner: Differenz und Dependenz: Wesen und Erscheinung in Humboldts Sprach-Idee, in: Nr. 36, 1989, 125–161

g) Zur (Sprach-)Philosophie (Teil V)

102. Steinthal, Heymann: Der Ursprung der Sprache, im Zusammenhange mit den letzten Fragen alles Wissens. Eine Darstellung der Ansicht Wilhelm v. Humboldts, verglichen mit denen Herders und Hamanns, Berlin 1851 (74 S.), 4. erweiterte Auflage, Berlin 1888 (XX, 380 S.)

103. Spranger, Eduard: W. v. Humboldt und Kant, in: Kantstudien 13, 1908, 57–129

104. Stenzel, Julius: Die Bedeutung der Sprachphilosophie W. von Humboldts für die Probleme des Humanismus, in: Logos 10, 1921/22, 261–274

105. Cassirer, Ernst: Die Kantischen Elemente in Wilhelm von Humboldts Sprachphilosophie, in: Festschrift für Paul Hensel, hg. Julius Binder, Greiz (im Vogtland) 1923, 105–127

106. Bollnow, Otto Fr.: Wilhelm von Humboldts Sprachphilosophie, in: Zeitschrift für Deutsche Bildung 14, 1938, 102–112

107. Liebrucks, Bruno: Sprache. Wilhelm von Humboldt. Von den Formen ,Sprachbau und Weltansicht' über die Bewegungsgestalten ,innerer Charakter der Sprachen' und Weltbegegnung zur dialektischen

Sprachbewegung bei Wilhelm von Humboldt, Sprache und Bewußtsein (7 Bde.), Bd. 2, Frankfurt am Main 1965

108. Pleines, Jürgen: Das Problem der Sprache bei Humboldt. Voraussetzungen und Möglichkeiten einer neuzeitlich-kritischen Sprachphilosophie, in: Das Problem der Sprache, hg. Hans-Georg Gadamer, München 1967, 31–43

109. Simon, Josef: Philosophie und linguistische Theorie, Berlin und New York 1971

110. Heintel, Erich: Einführung in die Sprachphilosophie, Darmstadt 1972

111. Simon, Josef: Sprachphilosophische Aspekte der neueren Philosophiegeschichte, in: Aspekte und Probleme der Sprachphilosophie, hg. Josef Simon, Freiburg 1974, 7–68

112. Riedel, Manfred: Historische, philologische und philosophische Erkenntnis. Wilhelm von Humboldt und die hermeneutische Wende der Philosophie, in: M. Riedel: Verstehen oder Erklären?, Stuttgart 1978, 134–159

113. Reckermann, Alfons: Sprache und Metaphysik. Zur Kritik der sprachlichen Vernunft bei Herder und Humboldt, München 1979

114. Borsche, Tilman: Sprachansichten. Der Begriff der menschlichen Rede in der Sprachphilosophie Wilhelm von Humboldts, Stuttgart 1981

115. Böhle, Rüdiger E.: Der Begriff der Sprache bei W. v. Humboldt und L. Wittgenstein, in: Dimensionen der Sprache in der Philosophie des Deutschen Idealismus, hg. Brigitte Scheer u. Günter Wohlfart, Würzburg 1982, 190–213

116. Riedel, Manfred: Sprechen und Hören. Zum dialektischen Grundverhältnis in Humboldts Sprachphilosophie, in: Zeitschrift für philosophische Forschung 40, 1986, 337–351; auch in Nr. 33, 1986, Teil I, 196–216

117. Simon, Josef: Wilhelm von Humboldts Bedeutung für die Philosophie, in: Nr. 31, 1986, 128–143

118. Quillien, Jean: Problématique, genèse et fondements anthropologiques de la théorie du langage de Guillaume de Humboldt. Jalons pour une nouvelle interprétation de la philosophie et de son histoire, 2 Bde., Thèse d'État, Lille 1987

119. Borsche, Tilman: Die Säkularisierung des tertium comparationis. Eine philosophische Erörterung der Ursprünge des vergleichenden Sprachstudiums bei Leibniz und Humboldt, in: Nr. 37, 1989

Personenregister

Ein ausführliches Personenverzeichnis zur Humboldt-Biographie mit knappen Lebensdaten der Genannten findet sich bei Herbert Scurla: Nr. 25, 622–658.

Sachregister

Das Register verweist nur auf solche Stellen, an denen sich die genannten Stichworte – Sachen und geographische Namen, aber auch Adjektivbildungen sowie andere Ableitungsformen – in einem charakteristischen Kontext finden.

Große Denker

Herausgegeben von Otfried Höffe

Weitere Bände in Vorbereitung

Zeitgenossen Wilhelm von Humboldts

Alexander von Humboldt
Aus meinem Leben
Autobiographische Bekenntnisse. Zusammengestellt und erläutert
von Kurt-R. Biermann
2. Auflage 1989. 228 Seiten, 50 Abbildungen,
davon 16 in Farbe. Leinen

Johann Wolfgang Goethe
Briefe und Briefe an Goethe
Hamburger Ausgabe
Dünndruckausgabe in 6 Bänden
Hrsg. von Karl Robert Mandelkow unter Mitarbeit
von Bodo Morawe. Neuauflage der Werkdruckausgabe 1988.
Insgesamt 4390 Seiten, davon 1220 Seiten Kommentar und Register.
6 Leinenbände in Kassette

Johann Wolfgang Goethe/Friedrich Schiller
Der Briefwechsel zwischen Schiller und Goethe 1794–1805
In 3 Bänden. Hrsg. von Siegfried Seidel.
1985. Zusammen 1647 Seiten, 3 Abbildungen.
Leinen im Schuber

Roger Paulin
Ludwig Tieck
Eine literarische Biographie.
1988. 350 Seiten. Gebunden

Carl Maria von Weber
Mein vielgeliebter Muks
1000 Briefe des Komponisten an Caroline Brandt
aus den Jahren 1814–1817
Hrsg. Eveline Barlitz. 1987. 653 Seiten.
Leinen im Schuber

Verlag C. H. Beck München